U0529584

- 本书出版受河北大学人才引进科研经费资助
- 国家社会科学基金重大项目"古代中国乡村治理与社会秩序研究"（18ZDA171）阶段性成果

宋代淮南地区经济开发若干问题研究

Research on Some Questions of Economic Development of Huainan Area in the Song Dynasty

张勇 著

中国社会科学出版社

图书在版编目（CIP）数据

宋代淮南地区经济开发若干问题研究 / 张勇著 . —北京：中国社会科学出版社，2019.6
　ISBN 978-7-5203-4671-9

　Ⅰ.①宋… Ⅱ.①张… Ⅲ.①区域经济发展—研究—华东地区—宋代 Ⅳ.①F129.44

中国版本图书馆 CIP 数据核字（2019）第 131881 号

出 版 人	赵剑英
责任编辑	宋燕鹏
责任校对	王　龙
责任印制	李寡寡

出　　版	中国社会科学出版社
社　　址	北京鼓楼西大街甲 158 号
邮　　编	100720
网　　址	http://www.csspw.cn
发 行 部	010-84083685
门 市 部	010-84029450
经　　销	新华书店及其他书店
印　　刷	北京明恒达印务有限公司
装　　订	廊坊市广阳区广增装订厂
版　　次	2019 年 6 月第 1 版
印　　次	2019 年 6 月第 1 次印刷
开　　本	710×1000　1/16
印　　张	14
字　　数	180 千字
定　　价	75.00 元

凡购买中国社会科学出版社图书，如有质量问题请与本社营销中心联系调换
电话：010-84083683
版权所有　侵权必究

目 录

前 言 ………………………………………………………… (1)
  一 区域界定和选题意义 …………………………………… (1)
  二 学术史回顾 ……………………………………………… (5)
  三 本书的重点、难点和研究方法 ………………………… (11)

第一章 宋代淮南地区的物资转输 ………………………… (1)
  第一节 物资转输的路线与转输物资的种类 …………… (2)
    一 物资转输路线 ………………………………………… (2)
    二 漕运的主要物资 ……………………………………… (8)
  第二节 物资转输地理格局和物资转输交通体系 ……… (19)
    一 物资转输地理格局 …………………………………… (20)
    二 物资转输交通体系 …………………………………… (31)
  第三节 转般法和直达法在淮南 ………………………… (42)
    一 淮南地区的漕运相关问题 …………………………… (42)
    二 漕运直达法比较 ……………………………………… (49)
    三 结语 …………………………………………………… (58)
  第四节 特殊时期的淮南漕运 …………………………… (61)

小结 …………………………………………………………… (65)

第二章　宋代淮南地区水利工程分布格局 …………………… (67)
第一节　宋代淮南地区水利设施概述 ……………………… (69)
　　一　沿海水利 ……………………………………………… (70)
　　二　湖泊水利 ……………………………………………… (71)
　　三　运河水利 ……………………………………………… (72)
第二节　北宋淮南地区水利工程布局 ……………………… (76)
第三节　南宋淮南地区水利工程布局 ……………………… (86)
　　一　淮南地区水利工程修筑的出发点 …………………… (87)
　　二　水利工程的集中分布之原因 ………………………… (90)
　　三　宋初楚州水利工程设置的军事因素 ………………… (91)
　　四　运河地区水利工程的作用 …………………………… (91)
第四节　两宋淮南地区水利工程布局比较 ………………… (95)
第五节　两宋东南漕运格局与淮南地区水利开发 ………… (98)
　　一　南宋东南漕运格局与淮南地区水利开发 ………… (105)
　　二　结论 ………………………………………………… (112)

小结 …………………………………………………………… (113)

第三章　宋代淮南地区茶、盐的生产和运销 ………………… (115)
第一节　宋代淮南地区的茶业 …………………………… (115)
　　一　淮南茶的生产区域 ………………………………… (115)
　　二　茶在淮南的运销 …………………………………… (116)
　　三　宋代茶业管理办法在淮南的实施 ………………… (122)
第二节　宋代淮南地区的盐业 …………………………… (124)
　　一　淮南盐区的生产 …………………………………… (125)

二　淮南盐的运销 …………………………………………（130）
　　三　淮南盐产区分布格局在两宋的变化 ………………（139）
　小结 ………………………………………………………………（145）

第四章　个案研究：两宋泰州的经济开发 …………………（147）
　第一节　泰州的农业 …………………………………………（147）
　　一　北宋泰州捍海堰的地望及作用 ……………………（147）
　　二　泰州对荒田的管理 …………………………………（149）
　第二节　泰州的制盐业 ………………………………………（152）
　　一　政府对泰州制盐业发展的支持 ……………………（152）
　　二　南宋泰州制盐业的恢复与发展 ……………………（154）
　第三节　两宋淮东盐业运输中官方与商人地位的变迁
　　　　　——以泰州为例 ……………………………………（158）
　　一　北宋时期泰州盐运输中的官方与商人之地位 ……（158）
　　二　两宋之交政商地位的转变 …………………………（160）
　　三　绍兴和议后泰州官方与商人之地位演变 …………（161）
　　四　影响宋代泰州盐务运输主体地位改变之因素 ……（164）
　小结 ………………………………………………………………（166）

结　语 ……………………………………………………………（168）

附录一　南宋淮南地区兵燹多发和政府救灾分析 …………（171）

附录二　南宋淮南地区军事地位变迁初探 ……………………（182）

参考文献 …………………………………………………………（196）

图表目录

图 1　北宋淮南地区 …………………………………………（3）
图 2　南宋淮南地区 …………………………………………（4）
图 1—1　政和元年（1111）北宋淮南地区主要类型区域 ………（24）
图 1—2　绍兴三十二年（1162）南宋淮南地区主要类型区域 ……（27）
图 2—1　宋代淮南地区水系 …………………………………（68）
图 2—2　宋代楚泗运河 ………………………………………（74）
图 2—3　北宋淮南地区主要水利工程布局 …………………（97）
图 2—4　南宋淮南地区主要水利工程布局 …………………（97）
图 2—5　北宋淮南地区主要水利工程布局（1111 年） ………（103）
图 2—6　南宋淮南地区主要水利工程布局（1162 年） ………（110）
图 4—1　北宋泰州捍海堰分布 ………………………………（148）
图 4—2　南宋泰州盐场分布 …………………………………（155）

表 2—1　北宋淮南运河区域主要水利工程一览 ……………（76）
表 2—2　南宋淮南运河区域主要水利工程一览 ……………（87）
表 2—3　北宋淮南地区各州水利设施功能一览 ……………（102）

表 2—4　北宋淮南地区水利工程和设施类型数量 ……………（104）

表 2—5　北宋淮南地区运河各州水利工程和设施类型
　　　　　数量 ………………………………………………（104）

表 2—6　南宋淮南地区各州水利设施功能一览 ……………（109）

表 2—7　南宋淮南地区水利工程和水利设施类型数量 ………（110）

表 2—8　南宋淮南地区和、扬、真、泰四州水利工程和水利设施
　　　　　类型数量 …………………………………………（110）

表 3—1　南宋淮南各盐场产量一览……………………………（144）

前　　言

一　区域界定和选题意义

中国是个幅员广阔的国家，不同地区的经济发展很不均衡，因自然条件和历史因素不一样，而形成各自不同的经济水平。如要将历史时期的中国这个整体描述出来，采取区域的方法切入是一个可行的角度。这样，进行相关研究也易于把握不同地区经济发展的特色，为区域经济发展提供历史的借鉴。

正如包伟民先生所说："区域史的意义在于人们对传统的宏大叙事式的通史模式渐生厌倦，试图扬弃传统的外铄理论架构，更深入地认识本国历史之际，这一学术取向提供了一种使我们得以较为'贴近'地观察研究对象的有效途径。"[①]

长期以来，中原地区是中国经济最发达的地方，为历朝历代提供了所需的主要财政收入。唐代中后期，经济重心开始南移，到了宋代，这一过程始得以完成，江南成为经济最发达的地区。前人研究这

---

① 《〈宋代以来金衢地区经济史研究〉序》。

两个地区的成果很多，在此不一一列举。笔者要阐述的是作为两者过渡的地区——淮南是这些地方的典型代表，其经济开发在宋代占据比较突出的地位：在北宋，它的经济较为发达，到了南宋，在区位发生变化、受军事因素影响比较大的情况下，经济开发依旧取得了一定的进步。那么它的经济开发在经济重心南移的过程中有什么样的表现？发挥什么样的作用？是怎么发挥作用的？同时，笔者认为可以选择淮南地区作为研究对象予以考察。

为旨义清楚，首先有必要对淮南地区进行区域界定。

我们研究的淮南地区基本范围是淮河以南，大江以北①，东到大海，西到大别山。北宋时期，淮南地区基本位于淮南东、西路内，淮南东、西路除了上述地区，还包括淮河以北的亳（今安徽亳州）、宿（今安徽宿州）、海（今连云港）三州以及寿州（今安徽寿县）的淮河以北的土地，同时大别山以西的蕲（今湖北蕲春）、黄（今湖北黄冈）、光（今河南潢川）三州也在此东、西二路之内。在南宋时期，淮河以北的土地没于金，淮南东、西路范围有所缩小。因研究需要，故我们所研究的对象不只是淮南地区，还包括淮南东、西路除淮南地区以外的地方。宋代淮南地区位于北纬29—35度，东经114—122度之间，北宋时期，包括泗、寿、濠、楚、滁、庐、扬、泰、通、真、和、舒、无为军十二州一军。南宋时期，淮南地区主体范围基本不变。我们在研究北宋时期的淮南之时，淮南路内海、亳、宿、黄、蕲、光这六个州也一并附带研究。北宋淮南地区在财政上一直是比较重要的地区，从上供粮食数量来看，占整个东南六路上供的 1/4②，

---

① 宋人称今长江为大江。参见《建炎以来系年要录》卷二七，建炎三年闰八月丁丑条，上海古籍出版社1992年版，第405页。

② 梁方仲：《中国历代户口、田地、田赋统计》，上海人民出版社1980年版，第294页。

从地理位置来看，在京师与东南地区之间起到了一个桥梁的作用。其重要性不言而喻。南宋时期，本区经济开发和北宋又有所不同。北宋时期，大多数时间段内本区的经济开发呈上升走势。到了南宋，一反北宋时期的上升走势，经济开发呈现上升与下降相间的走势，有时波动又非常之大。这种变化跟经济重心的逐步南移有一定的关系。两宋之间，淮南地区的经济开发有何种不同？我们进行前后时间段的比较研究能发现什么？这是我们要研究的第一个具体问题。除此以外，将本区和邻近地区进行对比研究亦是发现淮南地区经济开发在全国地位变迁的必要手段。从多角度、多侧面来反映淮南地区经济开发的价值和意义乃是必要的步骤。因此，选择一个邻近地区，并将它和淮南地区进行比较研究是本书的第二个重要部分。

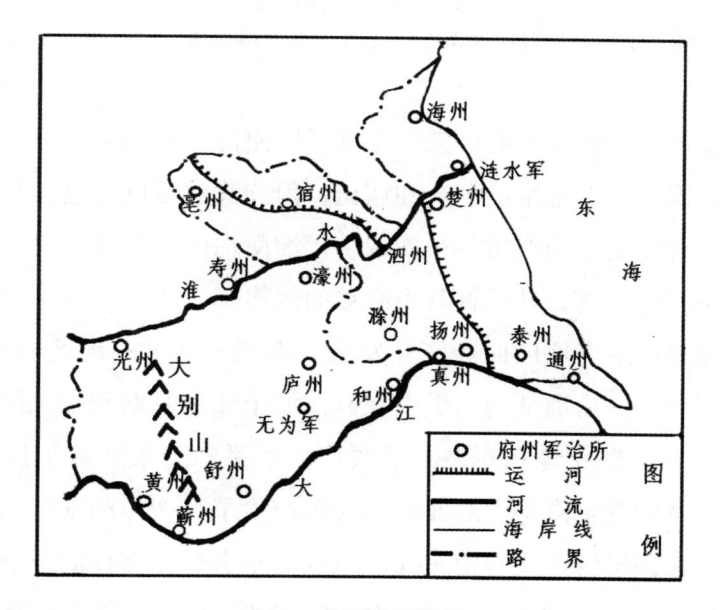

图 1　北宋淮南地区

注：大别山以东、淮水以南、大江以北的地区即是我们所研究的淮南地区，图 2 同理。

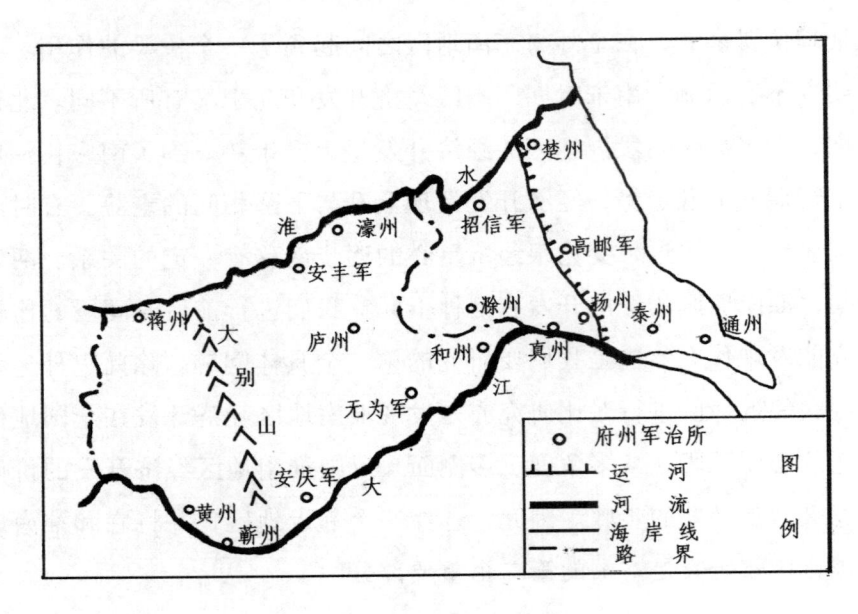

图 2　南宋淮南地区

资料来源：谭其骧《中国历史地图集》，地图出版社 1982 年版。

通过以上两种方式的研究，应该可以使读者对淮南地区当时的经济开发状况有一个基本的了解和认识，因此我们可以以这两种完全不同的经济开发走势为线索，来展现宋代淮南地区的经济开发进程与经济重心南移的关联，并挖掘其中隐藏的规律。

研究宋代淮南地区的经济开发史，不能不和这一地区的军事史、财政史相结合，后周从南唐手中夺取江淮十四州时期和南宋时期，这一地区就不可避免地和军事、财政产生联系。北宋淮南地区经济发达，上供物资数量众多，对北宋的财政产生了什么样的支持力度？南宋时期，淮南经济开发对南宋江淮战区的军事有什么样的影响？我们研究宋代淮南地区的经济开发，对研究宋代江淮地区军事史和财政史都可认为是一个可资借鉴的成果。

谈到其现实意义和价值，淮南地区基本涵盖了今日安徽和江苏的中部地区，这两个地方和苏南这些经济较为发达的地方相比显然不如，但和经济发展更为落后的苏北和皖北比较，却又胜出。因此，本书的成果，可资为今日皖中、苏中这两个地方的经济快速跟上经济发达地区，为皖北、苏北经济进一步发展起到历史上的借鉴、比对作用。

二 学术史回顾

若要将本区的经济开发状况完整地展现在人们眼前，必须选择具有代表性的方面予以详细论述，而所选择的这几个着眼点必须能构成本区经济开发的主体部分。能够具有这种代表性的着眼点目前有漕运、水利工程、茶盐的产销等几个方面，故本书学术史的回顾就此展开。

本区河湖广布，水系发达，如果要加大农业开发力度，不能不重视水利的兴修。冀朝鼎的《中国历史上的基本经济区与水利事业的发展》[①] 将历史时期各地区水利事业的发展与基本经济区的变迁联系起来考察，可以看到水利活动在经济、政治中的重要作用，但未能对宋代淮南地区的水利进行专门研究。民国时期武同举的《淮系年表》[②] 按时间顺序对宋代淮河的水患及治理和水利情况进行了记载，是进行淮河水利研究非常有价值的材料。唐元海的《淮河水利简史》[③] 概述了宋代淮河的水利兴修情况，并述及黄河夺淮过程，认为人的活动是

---

① 中国社会科学出版社1981年版。
② 1928年刊本，据两轩存稿铅印。
③ 水利电力出版社1990年版。

淮河地区水旱灾害众多的原因之一。郑肇经的《中国水利史》① 一书对宋代江淮运河和扬子江的运输与水利兴修情况进行了概述。《中国水利史纲要》②《长江水利史略》③ 等涉及本区内容不多，但是有助于了解历史上本区水利发展的脉络及其与社会发展的关系。日本学者斯波义信的《宋代江南经济史研究》④ 通过大量数据比对，认为淮南是北宋水利兴修的重点地区，但是作者并未对其提出个案进行专门研究。虽然在前述学者的研究中也曾提及各处水利工程的具体位置和发挥的作用，但是未能就水利设施展开系统的、更深入的研究。有关淮南地区对海潮的防范，有朱瑞熙的《范仲淹与泰州捍海堰》⑤ 也对捍海堰的作用予以积极的评价。应岳林、巴兆祥的《江淮地区开发探源》⑥ 其中提及宋代范仲淹和张纶修筑捍海堰，对泰、通、楚三州的农业经济发展起到相当大的作用，和平时期，水利建设成为淮南地区的建设重点，战争时期的水利建设则是另一番景象，陈艳的硕士学位论文《宋金和战时期两淮路垦田、水利及人口》⑦ 论述了战备水利和农田水利在两淮农业发展上的不同作用。相关成果还有康复圣的《淮河流域古代农田水利》⑧，柴静的《宋代两淮地区的水利和漕运》⑨，都涉及战争时期淮南地区水利建设状况。涉及淮南地区人口、耕地、水利的相关著作还有韩茂莉的《宋代农业地理》⑩，其运用现代地理

---

① 上海书店1984年版。
② 姚汉源著，水利水电出版社1987年版。
③ 长江流域规划办公室本书编写组著，水利水电出版社1979年版。
④ 江苏人民出版社2001年版。
⑤ 《大陆杂志》1990年第1期。
⑥ 江西教育出版社1997年版。
⑦ 上海师范大学2006年硕士毕业论文。
⑧ 《古今农业》2000年第4期。
⑨ 《华东冶金学院学报》2000年第2期。
⑩ 山西古籍出版社1993年版。

学的知识和理论体系，较全面地探讨了宋代农业地理，比较重视对宋代的人口、耕地做定量分析。韩昭庆的《黄淮关系及其演变过程研究：黄河长期夺淮期间淮北平原湖泊、水系的变迁和背景》①有助于了解宋代本区水系的脉络及其与经济发展的关系。

漕运是淮南地区重要的运输方式，前人在漕运的研究上成果较多。傅筑夫的《中国封建社会经济史》②第五卷对宋代淮南地区的漕运论述较详，它首先集中论述和漕运有关的盐法和转般仓，然后特别提到发运使兼管采购上供物资，使其又具备了平衡物价、调节市场的作用，具有独到的眼光。全汉昇的《唐宋帝国与运河》③对江淮运河所运输物资进行了梳理，并列表说明，较为全面地论述了江淮运河的作用。但是该书详于北宋，到南宋时则转入对江南运河进行重点论述。他的另外一篇《唐宋时代扬州经济景况的繁荣和衰落》④认为扬州位于长江和运河的交叉点上，为南北交通要冲，实是全国货物最理想的集散地，并认为由于历史上多次战争，加之真州地理位置的优越和其航运的兴起，成为扬州在宋代衰落的重要原因。郑学檬的《中国古代经济重心的南移和唐宋江南经济研究》⑤认为北宋对江淮运河的整治很大程度上改善了运输条件，特别是疏通运河航道、开凿扬州古运河、开凿龟山运河、强化对运河堰闸的管理都极大地提高了运河的运输能力。高荣盛的《两宋时代江淮地区的水上物资转输》⑥以稻米、淮盐、茶叶为主要运输对象论述了江淮漕运及其对运输沿路地区

---

① 复旦大学出版社1999年版。
② 人民出版社1989年版。
③ 商务印书馆1946年版。
④ 《中研院历史语言研究所集刊》，第11本，1947年。
⑤ 岳麓书社2003年版。
⑥ 《江苏社会科学》2000年第2期。

经济的影响,将北宋淮南地区的漕运状况较为详细地展现出来,并对南宋淮南地区的漕运进行了一些相关研究,指出频繁的战争是影响南宋漕运的首要因素。曹家齐的《运河与两宋国计论略》①认为运河在江淮与东京之间起到一个纽带作用。陈峰的《论北宋漕运》②对汴河的河道运输情况进行了论述。周建明的《北宋漕运法规述略》③对北宋有关漕运的法规进行了论述,认为它具有阶级性、严厉性、系统性的特点。陈峰的《略论北宋的漕粮》④对北宋上供中央漕粮的数量、来源地进行了分析,最后对其影响进行了阐述。陈峰的《论漕运对中国古代社会的消极影响》⑤认为漕运是对地方经济的直接掠夺,导致了高成本和高代价。陈峰的《北宋东南漕运制度的演变及其影响》⑥对北宋漕运中的转般法和直达法进行了阐述,并对它们的发展与两者间的转变进行了评价。北宋时期,从行政上来看,汴河的很大一部分流经地区属于淮南路分管辖范围,故我们也顺带提及前人有关汴河的研究。如程民生的《北宋汴河漕运新探》⑦认为陕西军队并不完全依靠东南地区的漕运,同时也认为不可过分夸大汴河漕运的作用。青山定雄的《唐宋汴河考》⑧详细地考订出唐宋汴河河道的具体位置,揭示汴河的流经路程与隋以前"古汴河"之间的差异,对汴河这条交通干线在唐宋时代政治经济生活中的重大作用给予适当的评价。同时作者参据大量史籍记载,考订出宋代汴河的位置。日本学者川胜守的

---

① 《徐州师范大学学报》(哲学社会科学版) 2001 年第 2 期。
② 《中国社会经济史研究》2000 年第 2 期。
③ 《学术论坛》2001 年第 1 期。
④ 《学术界》1997 年第 1 期。
⑤ 《陕西师范大学学报》(哲学社会科学版) 1992 年第 4 期。
⑥ 《河北学刊》1991 年第 2 期。
⑦ 《晋阳学刊》1988 年第 5 期。
⑧ 《日本学者研究中国史论著选译》第九卷,中华书局 1993 年版。

《明清江南市镇社会史研究》① 认为淮南地区是物资转输的重要地区。前人对漕运的研究还停留在还原漕运当时的总体概况和阐述漕运的作用这一层面上，立足于淮南地区分析物资转输地理格局在两宋时的变化是一个尚少人涉足的区域，并且前人在论述物资转输时多详于北宋，对南宋淮南地区的物资转输多一笔带过。虽然南宋淮南地区的物资转输受多种因素影响而变化较大，但其物资转输不应因此而被忽略。

述及淮南地区的出产物，不能不提淮盐，于海根的《简论宋太宗淮盐政策的六次变更》② 对宋太宗在淮盐生产、交易上的六次变更及其原因进行了论述，认为导致政策频繁变更的最根本原因是没有让商人介入。尹娜、黄纯艳的《论北宋杨允恭盐法改革》③ 认为杨允恭的盐法改革确立了淮浙盐支撑江淮漕运的新体制，使官卖制长期延续，并对漕运、茶法和入中产生了深远的影响。另有一些成果比较详细地论述了淮盐，戴裔煊的《宋代钞盐制度研究》④ 对钞盐制度进行梳理，概述了淮浙区的产盐情况，并对淮浙区钞盐法的变更进行了系统的阐述。郭正忠的《宋代盐业经济史》⑤、汪圣铎的《两宋财政史》⑥ 概述了淮浙盐的产销情况，并认为亭户的盐本经常发生克扣，是妨碍淮南盐产量增长的一个重要因素。漆侠的《宋代经济史》⑦ 则在对淮南盐的生产、销售情况进行系统论述的基础上，进一步提出在盐民中也产生了阶级，并认为他们中间也存在阶级对立。程民生的《宋代地

---

① 汲古书院1999年版。
② 《上海师范大学学报》1992年第1期。
③ 《云南社会科学》2004年第2期。
④ 中华书局1981年版。
⑤ 人民出版社1990年版。
⑥ 中华书局1995年版。
⑦ 上海人民出版社1987年版。

域经济》① 对淮南的茶和盐产量、盛产的原因等做了详细的考订，揭示了各地经济明显的地域特征，并认为淮南地区虽然矿产资源稀少，但是具有发展茶业和制盐业得天独厚的条件。

港台学者和日本学者中对淮南盐进行研究用力最多的是梁庚尧，他的《南宋淮浙盐的官鬻》②《南宋淮浙盐的运销》③《南宋的淮浙盐场》④ 比较全面地反映了南宋时期淮浙盐产销的全貌。这三篇论文全部收入他的大作《南宋盐榷》中。日本学者河上光一的《北宋淮南盐的生产构造与收盐机构》⑤ 对盐的生产和官榷有比较翔实的论述，认为淮浙盐在两宋经济史上占有重要的地位，在南宋尤为突出，成为南宋立国的财政来源之一。

李晓的《宋代茶业经济研究》⑥ 对淮南地区的茶生产和官榷进行了论述，特别提出淮南的茶生产集中于淮南地区的西部。但全书详于整个宋代茶叶的生产和专卖制度，对淮南地区的茶生产则未做更加深入的探析。漆侠的《宋代经济史》中对淮南地区的茶生产有详细的阐述，同时他也认为包括淮南在内的东南茶业利益大多为富商所得。论述淮南茶业的还有刘晓燕的《对北宋东南茶叶产量的重新推测》⑦ 等。除上述提及的产茶地域外，特别提到海州和扬州也是淮南地区的产茶区。

---

① 河南大学出版社 1992 年版。
② 《国际宋史研讨会论文集》，"中国"文化大学 1988 年版。
③ （台北）《大陆杂志》1990 年第 77 卷第 1、2、3 期。
④ 《宋史研究集》（第二十七辑），"国立"编译馆中华丛书编审委员会 1997 年版。
⑤ 《史学杂志》第 73 编，东京大学文学部史学会 1964 年版。
⑥ 中国政法大学出版社 2008 年版。
⑦ 《中国社会经济史研究》2000 年第 3 期。

三 本书的重点、难点和研究方法

本书以水利、漕运、茶盐作为着眼点进行研究,并选择了泰州进行个案研究,着重从这四个方面把握淮南的经济开发,揭示经济开发中的规律性,反映两宋之际淮南经济开发的重要性和特殊性,从而为今天江淮地区的经济发展提供现实关怀。

本书除了选择上述四个点来展现淮南地区的经济开发过程外,还以其前后时期的对比,邻近地区与淮南地区经济开发的对比来展现淮南地区经济开发的特色。如何在对比中凸显淮南地区经济开发的特征?这是本书的研究重点,同时也是难点。

如何选择角度来研究淮南的上述着眼点?选择什么样的角度来切入淮南的着眼点?这是本书的另外一个重点。如果对这一个问题不予以解决,那么很容易使论文流于泛泛,并不能在前人研究的基础上更进一步。当然也就不能为区域史的研究添砖加瓦。这是我们所不愿意看到的。

同时,收集史料也是一个比较重要的部分,本书是有关区域史的研究,区域史的研究中地方志是研究的好材料,而宋代以来地方志保存上有比较大的偏向,宋代保存完好的地方志多集中于江浙一带,而宋代淮南的地方志并没有流传下来,这使得我们研究淮南地区失去了一块比较翔实的史料来源。如果我们要寻找方志材料,就不得不从明清方志中寻找那些只言片语。

本书采用的最基本方法是历史学的实证方法。任何历史研究都必须建立在历史事实的基础之上,否则便不能做出令人信服的结论。在面对大量史料的时候,必须考察其真实性或真实程度,以追求最大限度地接近历史之真实。本书在占有史料并对相关史料进行综合分析的基础之上力图得出具有可信度的结论。

比较的方法也被引入本书的研究之中。全书采用横向和纵向进行对比研究，从横向来说，我们选取邻近地区的经济开发来和淮南地区进行对比研究；从纵向来说，我们将北宋和南宋这两个前后相连时期淮南地区的经济开发进行对比研究。

应该说，我们虽然选择的是区域史的视角，但是区域史的出发点却是全局性的，其实是从整体角度出发进行研究。在本书中，既有从淮南地区本身出发的微观研究，也有以淮南地区和邻近地区进行区域比较的宏观研究。

第一章，宋代淮南地区的漕运。本来，漕运是属于国家财政活动的范畴，但是漕运物资数量多少是和当地的经济状况直接相关的。这一部分把淮南地区的漕运路线和漕运物资种类梳理出来，并对上供物资变化原因做了探讨。从行政区划的角度对淮南的物资转输进行了分析和梳理。同时就北宋淮南地区转般仓这一层次提出了两宋淮南地区的物资转输地理体系。

第二章，宋代淮南地区的水利布局。搜集相关史料中有关淮南地区的水利资料，并对其进行分析，得出两宋淮南地区水利布局的差异。我们将淮南地区分北宋和南宋两个时期进行分析。之后将两宋东南漕运格局引入淮南水利布局进行影响分析，东南漕运格局对淮南水利布局有什么样的影响？如何影响的？这也成为我们分析的对象。

第三章，宋代淮南地区茶、盐的生产和行销。淮南地区的茶、盐生产不能不涉及，因为这是宋代淮南地区的物产中最有特色的部分。本章选取了淮南地区的茶业和盐业中若干个点来切入。茶、盐的生产、销售机构及销售地域，笔者计划在前人研究基础上力争对此有所突破。

  第四章，如果我们将视野缩小到更加微观的层次，笔者选取了一个州级行政区域做了一个个案研究，泰州成为淮南地区的典型代表。农业和盐业成为研究泰州的着眼点。

第一章　宋代淮南地区的物资转输

　　研究淮南的经济开发，不能不提物资转输。实事求是地说，物资转输应属于财政问题，但是某地财政状况如何，和经济状况又有不可分割的联系，因此物资转输乃是经济开发研究中衍生的一个步骤，并且是经济史研究较为重要的一环，可以客观反映经济开发的成果。前人研究物资转输，多是就物资转输这个整体来实施考察，不过也有部分学者以区域史的视角来考察物资转输[①]，笔者选择将其放置于淮南地区内来分析归纳。综合前人研究成果，笔者选择了本地区内的物资转输路线、转输物资种类着手来研究，另外，回到本书的重点、难点和研究方法中"选择什么样的角度来切入淮南的着眼点"这一部分，笔者提出以行政区划、交通路线等视角来研究物资转输，这一章予以回应。本章最后对淮南地区河运的相关问题予以考释。

---

　　① 高荣盛：《两宋时代江淮地区的水上物资转输》，《江苏社会科学》2003年第1期；《宋代江苏境内漕运工程考述》，《江苏社会科学》1997年第2期；柴静：《宋代两淮地区的水利和漕运》，《华东冶金学院学报》2000年第2期；[日]斯波义信：《宋代江南经济史研究》，方健、何忠礼译，江苏人民出版社2001年版。

第一节　物资转输的路线与转输物资的种类

一　物资转输路线

（一）北宋淮南地区物资转输路线

北宋淮南地区物资转输可分成陆运、漕运、漕陆混合三种类型，漕运是其中最为重要的一种，我们以漕运为中心进行论述，漕运路线按照运输河流重要程度可分成三种。

从各州县先运输到运河区（运河区包括泗、楚、扬、真四个州），然后从运河区通过扬楚运河和汴河输送到京师是第一种漕运路线。从具体路线来看，单个淮南州军到运河区各有一条路线。因为淮南地区有十多个州，所以就有十多条路线。到了运河区后，再集中上供京师，这样从州的物资上供来看，虽然有十多条上供京师的路线，但是均可视作同一种类型的路线。这种类型路线承载着淮南地区大部分的上供物资。史载："兴国初，始漕江淮粟四五百万至汴。至道间，杨允恭漕六百万石，自此岁增广焉。"① 又有"（薛奎）……安抚河北，称旨，改尚书户部员外郎、淮南转运使、江淮制置使。开扬州河，废其三堰，以便漕船，岁以八百万石食京师，其后罕及其多"②。这种路线不仅承担淮南地区各州军主要物资的上供，还担负着东南其他各路的物资转输，是北宋王朝的生命线。就淮南地区来看，主要是沿江和内陆地区的州军走这一种路线。淮南地区转输于京师的物资，并不全

---

① （宋）曾巩撰，陈杏珍、晁继周点校：《曾巩集》卷四九《本朝政要策五十首·漕运》，中华书局1984年版，第675页。
② （宋）欧阳修撰，李逸安点校：《欧阳修全集》卷二六《资政殿学士尚书户部侍郎简肃薛公墓志铭》，中华书局2001年版，第401—402页。

部存贮于开封，小部分送达开封附近的各县。如："年额上供米六百二十万石，内四百八十五万石赴阙，一百三十五万石南京畿送纳。淮南一百五十万石，一百二十五万石赴阙，二十万石咸平、尉氏，五万石太康。"①

光、寿州上供中央的路线可视为第二种漕运路线。光、寿州上供中央的物资是不经过汴河输送的，有关这一地区的漕运，史料记载："……道闵水自新郑与蔡水合，贯京师，南历陈、颍，达寿春，以通淮右舟楫。"②"……光、寿诸州之粟帛，自石塘惠民河沿流而至，置催纲领之。"③"广济第一仓，受颍、寿诸州所运，谓之南河，亦曰外河。"④可见蔡水、闵水也是淮南部分地区物资转输中央的通道之一。不过光、寿州漕运均在汴河漕运系统之外。

一些小河流也承担了相应的物资转输任务。如："绍兴十九年（1149）三月二十六日，前知和州徐嘉问言：'和州城下古河一道，自含山县发源，东入州城，流归大江，自经兵火，沙砾堙塞，舟楫不通。每岁起发上供及诸司纲运，遵陆二十五里始至江次，计一岁装纲约用八千余工，雇募夫役不无骚扰……'"⑤这条史料虽然记载的是绍兴十九年的事件，但反映的却是北宋时期该河流的物资转输。淮南地区从这种小河流装船运输进入大江亦当不仅如此，因此也可以视为第三种漕运路线。

---

① （宋）张邦基撰，孔凡礼点校：《墨庄漫录》卷四《发运使建官及职事》，中华书局2002年版，第117—118页。
② （宋）李焘：《续资治通鉴长编》卷二，建隆二年正月丁巳条，中华书局1992年版，第38页。
③ 《宋会要辑稿》食货四六之一，第5604页。
④ 《宋会要辑稿》食货六二之一，第5949页。
⑤ 《宋会要辑稿》方域一七之二三，第7608页。

（二）南宋淮南地区物资转输路线

南宋时淮南地区成为宋金边界地区，南宋和金的边界，在淮水、大散关、秦岭一线，这条线以南分布有南宋三大战区，其中淮南地区隶属于江淮战区，相比其他两个战区的沿边区域，淮南显得较为特殊。北宋时代，淮南的经济要比京西和利州更为发达，到了南宋，淮南虽然也和以上两个区域一样都成为沿边地区，但是和平时期却较之为长。不过这种地区一旦军事吃紧，却最容易率先受到冲击，战前进行的建设都会被战火毁伤。北宋时代，淮南地区上供物资最主要的是粮食，每年150万石①，在整个东南六路中处于重要的地位。斯波义信认为因南宋淮南地区战火，朝廷免除了150万石粮食的上供任务，在他的大作《宋代江南经济史研究》所列图表中不再填入淮南在南宋时期的上供额②。同时他在书中还认为："南宋因淮南路成为战场而变成非上供地外，由于局势混乱，中央、地方的征税能力下降，以70%的实征额作为目标。"③斯波义信的观点很容易造成一个误解：南宋淮南地区不再提供上供物资了。汪圣铎的《两宋财政史》在论及南宋旧的上供额不能完成，需要确立新的上供额时，也说"《系年要录》和《朝野杂记》未载淮南数，北宋时淮南为发运司、转般仓所在地，南宋时淮南为宋与金对峙的前沿"④。至于淮南在南宋是否提供上供物资，提供到什么程度，汪先生说得比较隐晦。并且过去的学者研究淮南地区的经济，多数考察的是两淮盐区的事例⑤，相关史料中也说商

---

① 梁方仲：《中国历代户口、田地、田赋统计》，上海人民出版社1981年版，第299页。
② ［日］斯波义信：《宋代江南经济史研究》，江苏人民出版社2001年版，第150、252页。以下简称《江南》。
③ 《江南》，第252页。
④ 汪圣铎：《两宋财政史》，中华书局1995年版，第581页。
⑤ 这方面的专著有郭正忠先生的《宋代盐业经济史》、戴裔煊的《宋代钞盐制度研究》、漆侠的《宋代经济史》等。

总领到任，发送淮上大军物资数年之内增加将近十倍①。这些研究都让读者们认为淮南除了商人运淮南盐到东南六路销售的带有政治军事色彩的商业元素和淮上为赡军大量输入粮食的军事元素外，值得研究的财政元素并不多见。并且有学者认为淮南盐是重要的淮南出产。不过，笔者以为，南宋淮南的盐商出钱取得盐钞时，已将钱缴纳于榷货务，但是否可将此钱视作上供是需要辨析的。又如《宋史》中说南宋为运输物资至淮上，疏浚运河的事例②。这些都侧面说明两淮与两大总领所的关系，但这些史料并不说明两淮本身和其他路分一样的上供功能。那么两淮本身是否负担上供物资之责任呢？查阅相关史料发现，不但1160年之前淮南地区继续上供，即便是1160年之后，淮南地区也依旧存在上供。我们为什么选择1160年作为研究淮南上供的分水岭？因为1160年之前，虽然淮南遭受战乱，但基本沿用北宋末年以来的办法，只是在战争期间减免，战争间歇时期继续上供。到1160年之后，南宋大体稳定了自己在江南的统治，针对上供就规定了较为稳定的法令③。淮南粮食的上供也就是在这一时段予以免除的。但是，虽然南宋政府将淮南的150万石粮食上供额免除，并不代表淮南地区也不再上供其他物资，如南宋之绍兴三十一年（1161）八月二十六日，户部言："淮东路上供钱七万八千二百九十一贯文；淮西路上供钱二十四万三千一百一十九贯文。"④ 据汪圣铎先生统计，当时两淮之上供钱合起达到南宋全国上供钱之1/5左右，不可谓不多。⑤ "隆兴二

---

① （宋）马光祖修，周应合撰：《景定建康志》卷二三《城阙志四》，宋元珍稀地方志丛刊本，四川大学出版社2007年版，第1079页。

② 《宋史》卷九七《河渠志七》，第2393页。

③ （宋）李心传：《建炎以来系年要录》卷一八四，上海古籍出版社1992年版，第1册，第615页。以下简称《要录》。

④ 《宋会要辑稿》食货六四之五四，第6126页。

⑤ 汪圣铎：《两宋财政史》，中华书局1995年版，第877页。

年（1164）三月十七日，诏泰州上供等钱三分蠲免一分。"①《建炎以来朝野杂记》中说："淮东天申、大礼四万九百五十，淮西天申、大礼三千七百（匹绸）。"② 可见绍兴三十年南宋政府下文规定各地的上供额度后，淮南地区虽然不再上供粮食，但是其他物资的上供却并没有因此中断。

南宋时期漕运路线也可按照运输路线的重要程度分成若干类型。

第一种，淮南地区的南部是大江。到了南宋，大江在漕运中越发显现出它的重要性来，故通过大江进行漕运可视作第一种路线。前引史料"绍兴十九年（1149）三月二十六日，前知和州徐嘉问言：'和州城下古河一道，自含山县发源，东入州城，流归大江，自经兵火，沙砾堙塞，舟楫不通。每岁起发上供及诸司纲运，遵陆二十五里始至江次，计一岁装纲约用八千余工，雇募夫役不无骚扰……'"③ 这条史料，虽然没有直接指明大江的作用，但是却指出纲运至江边，那么很显然是通过大江运输的。除本区的运输外，其他经过本区的漕运船也是经过大江直达临安和下卸地。"至嘉定间，臣僚又言：'国家驻跸钱塘，纲运粮饷，仰给诸道，所系不轻。水运之程，自大江而下至镇江则入闸，经行运河，如履平地，川、广巨舰，直抵都城，盖甚便也。'"④ 可见南宋时大江在漕运中的重要性。只是这时的大江未必输载的都是淮南的上供物资。

运河区域至下卸处和淮水沿岸州军经运河至于总领所或者指定之下卸处是第二种漕运路线。如："乾道三年（1167）十二月十八日，

---

① 《宋会要辑稿》食货六三之二一，第5997页。
② （宋）李心传著，徐规点校：《建炎以来朝野杂记》卷一四《东南折帛钱》，中华书局2000年版，第292页。
③ 《宋会要辑稿》方域一七之二三，第7608页。
④ 《宋史》卷九七《河渠七》，第2406页。

高邮军驻扎御前武绛军都统制兼知高邮军陈敏言：'粮纲交卸无欠，其人船合自卸所径便发回……'"①。"乾道八年（1172）三月十三日，提举淮南东路常平茶盐等事、措置两淮官田徐子寅言：'检照乾道七年十一月四日指挥，措置行使铁钱画一，内一项：两淮诸州军依准近降指挥，应起发上供等钱，并以七分见钱、三分会子解发。今来沿淮州军见使铁钱并会子则难以发纳。今欲将沿淮州军合发纳钱，许令解发会子，所有自余近里州军，且令依所降指挥分数解纳见钱、会子，候将来普用铁钱日，别行条具申请。诏集边州军并用交、会，近里州军以钱、会中半起发'"②。淮南有楚、滁、濠、庐、扬、光州、盱眙、高邮军等。如："隆兴二年（1164）十二月十六日，德音：'楚、滁、濠、庐、光州、盱眙、光化军管内并扬……高邮军……纲运往别处州县收藏或回易兴贩不曾遗失者，候德音到，限十日经所在首纳，并与免罪，如限满不首及首纳不尽，令监司守臣究治，开具奏闻，重真于法'"③。总领所是中央派出机构④，在此，我们可将其视作中央机构的一部分。故南宋时期淮南各州输纳于淮东、淮西总领所⑤，我们均可视作上供中央。

---

① 《宋会要辑稿》食货四八之一，第5627页。
② 《宋会要辑稿》食货六四之五八，第6129页。
③ 《宋会要辑稿》食货四二之八，第5587页。
④ 有关总领所的研究，前人已有不少相应成果，最近的如雷家圣的《从转运使到总领：两宋理财官僚之比较》（《云南大学宋史研究丛书·宋史研究论文集》，云南大学出版社2009年版）、《南宋高宗收兵权与总领所的设置》（《逢甲人文社会学报》2008年第16期）《南宋四川总领所地位的演变——以总领所与宣抚司、制置司的关系为中心》（《台湾师大历史学报》2009年第41期），刘云的《南宋高宗时期的财政制度变迁》（《中国社会经济史研究》2007年第2期），较早的有张星久先生《关于南宋户部与总领所的关系——宋代财政体制初探》（《中国史研究》1987年第4期），等等。
⑤ 有关总领所和兵权关系的研究日本学者用力颇多，如山内正博从中央集权角度出发，论述了绍兴收兵权和总领所设置的关系。《南宋総領所設置に関する一考察》，《史學雜誌》第64编，第12号，1955年。内河久平认为南宋设置总领所和秦桧收兵权有关系。《南宋総領所考》，《史潮》第78、79合併號，1962年。

二 漕运的主要物资

淮南地区的漕运数量虽多，但物资种类并不庞杂。只是南宋和北宋淮南地区的物资种类有所变化。

（一）北宋淮南地区漕运的主要物资

北宋时期，淮南地区漕运的主要物资有粮食、盐、茶和矾。

粮食是北宋淮南地区漕运的主要物资之一。北宋时代，淮南地区逐步成为粮仓，同时粮食的上供数量也逐年增加，北宋本区最早的粮食上供记载出现在开宝五年（972），这年十月，"运江、淮米十万石至京师，皆汴、蔡两河公私船所载也"[1]。不过这十万石米并非全部来自淮南地区，其中还包括江南地区的出产，史载"先是，每岁运江、淮米四百万斛以给京师，率用官钱僦牵船役夫，颇为劳扰"[2]。淳化四年东南六路漕运上供米额大致就在600万石[3]，而淮南则是150万石，沈括记载130万石[4]，与《宋会要辑稿》记载有出入，本书采用《宋会要辑稿》记载。以后大致保持这一数字。粮食是北宋本区提供给中央的最主要物资。

盐在北宋淮南地区漕运中也占有重要地位。北宋时代，产盐的地区有很多，其中主要产盐地有山西的解盐、两淮的淮盐、两浙的浙盐、广东的广盐、四川的井盐、福建的海盐等，其中最主要的是前两处，北宋时本区盐产量虽不如解池盐产量高，但在全国也属于高产

---

[1] （宋）李焘：《续资治通鉴长编》卷一三，开宝五年十月条，中华书局1992年版，第290页。

[2] （宋）李焘：《续资治通鉴长编》卷二四，太平兴国八年八月条，中华书局1992年版，第551页。

[3] 《宋会要辑稿》食货四二之二，第5562页。

[4] （宋）沈括撰，胡道静校点：《梦溪笔谈》卷一二，辽宁教育出版社1997年版，第73页。

地区。

茶是淮南地区上供中央的重要物资。史载："岁课作茶输租，余则官悉市之。……又民岁输税愿折茶者，谓之折税茶。"① 茶业生产集中于淮南地区的西部，特别是大别山区。"真宗景德元年（1004）四月，令京茶库今后纳纲运，将一色号茶、年代一例者，别库收掌……，淮……茶，则归茶库。"② 可见茶也是上供的重要物资之一。

矾在北宋是本区重要产出。"唐开成三年以矾山为州县，五代以来复务置官吏，宋因之……鬻造入官市散卖，无为军白矾每斤价六十钱，绿矾七十钱，后听民自鬻，官置场售之。皇祐以后，岁售缗钱三万三千一百，治平中，发运使领之。元丰元年，定鬻矾州郡，无为军岁课一百五十万斤，用本钱万八千缗。"③

（二）南宋淮南地区漕运的主要物资

南宋时期，淮南地区漕运的主要物资有盐和钱。

盐成为南宋淮南地区漕运的重要物资。淮南盐的地位，戴裔煊就认为："南宋国用之资于盐，甚为显著，随在皆有可见……大率淮南路入纳，岁得一千四五百万贯，浙东西岁收七八百万贯……可知南渡以后，维持国用，尤其是供应军需，即注意及于盐课，且特别重视淮浙产区。"④ 同时他又认为："至南宋绍兴末，以淮浙一隅计之，岁收一千三百四十万。一隅之收入，已过于唐天下之数矣。是以南宋以半壁山河，能支一百五十年，虽无北定中原之力，而偏安之局，尚可维持……"⑤ 至于作为财政来源的盐利，漆侠先生也说："在南宋盐利

---

① 《宋史》卷一八三《食货下五》，第4477页。
② 《宋会要辑稿》食货五二之三，第5700页。
③ （清）常廷璧修，吴元桂纂：《无为州志》卷二〇《杂记》，乾隆八年刻本。
④ 戴裔煊：《宋代钞盐制度研究》，中华书局1981年版，第339—340页。
⑤ 同上书，第342页。

收入中，淮东盐场占最重要的地位。"① "乾道元年（1167）十二月十八日，臣僚言：'淮南岁额一千二百余万缗，承、楚支发才十之二，而通、泰最为浩瀚，今承、楚小扰，于通、泰诸场固自无害者……望下提举司权于真州置仓，将通、泰盐纲就彼出卸。诏令周淙、向均同共措置起置。'"② 很显然，此处是提举司代行职能，各盐纲在中央指定之下卸地点下卸。所以这条史料表明的就是淮南各产盐州向中央的输纳。又有"乾道七年（1171）十一月十五日，中书门下省检正诸房公事并权户部侍郎王佐等言：'……今欲乞将淮南俞召虎具到积盐内先次取拨三万袋起赴行在……窃虑舟数稍多，难于照管。欲每一千袋作一纲，周而复始，便于摺运。所是管押使臣、兵级，令淮东提举司差拨，候盐到，如临安府都监仓库眼盛贮不尽，欲权于丰储仓空闲敖内时暂安顿，并令都监仓官吏受纳管认。'从之"③。可见南宋淮南盐也运到杭州，这也属于淮南盐往中央输纳。南宋时代，盐之买卖多由商贾介入，官榷已不如北宋那样普遍。宋室南渡，原本占据全国盐产区重要地位的解盐，被金人占据。而广盐、四川井盐之产量又极其有限，故原本在全国就占有很大比例的淮盐，就不得不增加产量以弥补不足。根据漆侠先生统计，认为淮盐产量较北宋时期有比较大的增长，大约增长了50多万石，④ 不过，淮盐在全国的占有率却下降了。究其原因，一是浙盐产量大增，从北宋的50万石涨到198万石；二是淮南盐本身的增长时常受到战争之影响。如："论广盐不可榷，淮盐不可弃。祖宗时解安尤有池，今为盗区。川陕尤有井，今为敌境。

---

① 漆侠：《中国经济通史·宋代经济卷》，经济日报出版社1999年版，第977页。
② 《宋会要辑稿》食货二七之一七，第5264页。
③ 《宋会要辑稿》食货二七之三六，第5273页。
④ 漆侠：《中国经济通史·宋代经济卷》，经济日报出版社1999年版，第929页。

所恃者惟淮，而淮之盐，今又荡为腥血之场。嗟夫！国家三百年，生聚之民饮食者在此，蓄养士卒俸给者在此。军需、和籴亦立赖焉。一旦尽弃之敌，无一人能为国家办，而乃仰给于一隅之广。其何以为经久之谋乎！"① 淮盐与浙盐结合，远销南宋除福、广外的地区。然而我们也可看到，淮盐产量也随着战争与和平两个阶段而呈下降和上升相交替的趋势。建炎初，盐场受战争影响被破坏殆尽，亭户或逃逸或死亡，战后政府采取种种措施方才使盐场生产逐步走上正轨。一旦再遇战争，这种状况再次产生。因此产量上下波动也就不足为奇了。

钱是南宋时期淮南地区另外一种上供物资。钱能成为上供的主要物资是和南宋时期本区之具体情况相关。众所周知，南宋时本区的军事防御作用上升，物资输纳多不便，除必要之物资外（如盐），折钱上纳是一个切合时情的办法。如："同日（绍兴十六年七月二十六日）（1146），权发遣舒州汪希旦言：'本州认发上供米麦，缘地居山僻，艰于行运。欲乞权依市直折纳价钱起发，内愿纳本色者听。'从之。"② 而部分州县也在上供时将各色钱依朝廷指挥发运。如：

……至乾道六年，分上供钱绵、进奉天申节银、大丰银绢等，并经总制等窠名钱承降指挥，以三分为率起发，存留二分应付本州同系省支遣。其余银、物、斛斗随税色放免，所有乾道七年分合发前项上供诸色窠名钱物、斛斗，若是全行起发，委是桩办不前，兼管属江都、泰兴人户今年所种稻麦，各是虫伤，旱涝及遭疫死耕牛稍多。若自乾道七年夏料为头起理人户二税，委是

---

① （明）杨洵，陆君弼等纂修：《万历扬州府志》卷八《古今甃略》，书目文献出版社1988年版，《北京图书馆古籍珍本丛刊》，第324页。

② 《宋会要辑稿》食货九之三，第4976页。

难以输纳，切恐未称朝廷宽恤之意。望许令本州且依递年体例，将合发上供钱、进奉圣节银等土贡物色、坊场等钱，以三分为率，蠲免二分。仍旧起发一分外，其余合发年额上供米麦等钱，乞赐全令展免，应付本州同系省支遣，及二税亦乞放免三二年。庶几少宽民力，使荒残州郡，少可枝梧。①

本区钱之上供数量大致是多少？如南宋之绍兴三十一年（1161）八月二十六日，户部言："淮东路上供钱七万八千二百九十一贯文；淮西路上供钱二十四万三千一百一十九贯文。"② 据汪圣铎先生统计，当时两淮之上供钱合起来达到南宋全国上供钱1/5左右，不可谓不多。③ 又如："绍兴二十六年（1156）八月十二日，诏滁州合起上供钱权以六分为额起发。以本路转运司言：本州上供已发八万……"④ 淮南的上供钱在绍兴三十一年（1161）达到最高峰，占全国上供钱1/5左右，⑤ 然而并非整个淮南地区在任何时候都有这样的数据。特别在遭受战争之时，不仅上供物资数量下降很快，同时减免上供钱数量也大为增加。如："隆兴二年（1164）三月十七日，诏泰州上供等钱三分蠲免一分。"⑥

从上供的走向来看，这些从淮上州军发运过来的米斛和上供钱，最终还是流回淮上使用，从流转过程来看，显然是绕了一个圈子。如将物资直接存留淮上，节省水脚费用岂不更好？但朝廷并没有这样

---

① （明）朱怀幹修，盛仪纂：《惟扬志》卷三二《请展免上供米麦等钱及放免二税奏》，嘉靖二十一年刻本。
② 《宋会要辑稿》食货六四之五四，第6126页。
③ 汪圣铎：《两宋财政史》，中华书局1995年版，第877页。
④ 《宋会要辑稿》食货六四之五二，第6125页。
⑤ 汪圣铎：《两宋财政史》，中华书局1995年版，第877页。
⑥ 《宋会要辑稿》食货六三之二一，第5997页。

做，朝廷之所以将淮上物资集中输送于总领所或其指定位置，显然是为了统一调配淮上物资，以备军需，因此不惜耗费运力，来由淮东总领所和淮西总领所集中发送淮上物资。当然，发送的物资仅靠淮上来源是远远不够的，主要的来源还是江西、江东和两浙。如：

（绍兴三十年春正月）（1160）癸卯，户部奏科拨诸路上供米斛：……建康府大军岁用米五十五万余石，系于吉、抚、饶州、建昌军科拨；镇江府大军岁用米六十万石，系于洪、江、池、宣、太平州、临江、兴国、南康、广德军科拨；行在合用米一百一十二万石，就用两浙米外，系于建康府、太平、宣州科拨；其宣州见屯殿前司牧马一岁约用米，并折纳马料共三万石，系于本州科拨；并令逐路转运司收桩起发。①

这些大军的驻扎地点不仅限于建康府和镇江府，南宋中前期，驻扎淮南的大军戍守于庐州、楚州、通州、泰州等地，如韩世忠就曾驻兵楚州，淮东总领所最初的设置于楚州，郦琼叛变前他掌控的四万人马也以庐州为大本营。岳飞在绍兴初为通泰镇抚使，驻军通州和泰州一带，这都说明南宋前期淮上大军的驻扎情况。到了后期，南宋在防江防淮策略博弈之后，沿江的大军北进驻守，庐州、楚州、六合、天长、濠州、寿州等淮南州军也都成为大军驻扎地点。这些军队也都隶属于建康府大军和镇江府大军序列。

淮东总领所岁费为钱七百万缗，米七十万石，而诸郡及盐司

---

① 《建炎以来系年要录》卷一八四，第615页。

所输之缗多衍期者。每月五十八万缗，内浙盐司三十万，平江、镇江府及常州共十五万，江西九郡共十三万。①

淮东、淮西两总领所的钱，来源于江西、浙西、淮上。因而，淮南上供钱的一大部分再次回到淮上使用。这些回到淮上的钱，一部分充作月钱发给淮上军士使用，另一部分作为和籴军粮的本钱。为了供应淮上大军，南宋政府积极开浚运河，保障运河的畅通。"（乾道）七年（1171）二月，诏令淮南漕臣，自洪泽至龟山浅涩之处，如法开撩。"② 战时，水上运输兴盛，"嘉定兵兴，扬、楚间转输不绝，濠、庐、安丰舟楫之通亦便矣……"③

淮上军用钱的下卸地点一般集中于南宋淮上大军的驻扎地点。南宋中前期，刘光世和韩世忠的大军驻扎淮上，韩世忠有兵三万驻扎楚州，刘光世有兵五万，庐州是其大本营之一。南宋中期，淮上除了屯驻大军，又新设不同军种，在楚州设立武锋军，扬州设立强勇军，淮东设立神劲军，到了南宋后期，淮东在扬州、真州、盱眙军、楚州、滁州、泰州、高邮军等地驻扎有大军。淮西在庐州、和州、无为军、濠州、安丰军、光州、黄州等地驻扎军队④。其中，扬州、真州、盱眙军、楚州、高邮军、和州、无为军、濠州、安丰军等地皆可通过运河和淮水、大江运输军用物资。

统一调配淮上军费供应的是淮西总领所和淮东总领所，调配军费

---

① （宋）李心传：《建炎以来朝野杂记·甲集》卷一七《淮东西湖广总领所》，中华书局2000年版，第390页。
② 《宋史》卷九七《河渠志七》，第2393页。
③ 《宋史》卷一七五《食货上三》，第4261页。
④ 有关南宋淮上大军的驻扎情况可参阅王曾瑜《宋朝军制初探》（增订本），中华书局2011年版，第252—257页。

外，淮南还设置有若干铸钱监，如朝廷在舒州、黄州和蕲州设置铸钱监，铸造铁钱，其中舒州同安监岁铸二十五万缗，蕲州蕲春监岁铸十五万缗，后期，淮南铁钱铸造量达到六十万缗①。官方规定铁钱不许过江使用，而淮南本地人口有限，每年铸造铁钱仅限于淮上流通，这就使得淮南上供钱在数量大增的基础上日渐有贬值的趋势。

粮食依然是本区域上供物资形式之一。只不过数量非常有限，且大多存在于1160年之前。南宋时代，本区由于军事防御职能上升，同时又受兵火影响，粮食生产多受冲击，但不可否认，粮食依然在上供物资上占有一定的地位。如绍兴二十三年（1153）六月五日，户部、司农寺上奏请求将江东西、荆湖南北、淮南路诸州军今后起发米斛纲运至下卸处，再差募文武官、校副尉押送，完毕之后，依现行酬赏。如果所有押送行为结束，按照法令进行赏赐②。除此以外，淮南所需粮食还来自江南东西路诸郡。如："庆元五年（1199）八月十六日，淮西总领曾璟言：'本路诸郡大军纲运，乞量地里近远，今后解发，悉要如期，令部押等人明具起离月日，或在路风涛之阻，明于所在批凿行程，本所置籍揭帖，以为稽考。'"③淮西总领所大军纲运来源除了淮上，还有洪、江、池、宣、太平州、临江、兴国、南康、广德军等。临安接纳来自淮南的粮食也有记载："然本州（杭州）所赖淮南等处客米到来。"④

（三）上供物资的结构变化原因探讨

北宋时期，茶、盐、粮食是淮南地区主要上供物资，呈现三强并

---

① （宋）李心传：《建炎以来朝野杂记·甲集》卷一八《淮上铁钱》，中华书局2000年版，第360页。
② 《宋会要辑稿》食货四八之三，第5624页。
③ 《宋会要辑稿》食货四四之一五，第5590页。
④ （宋）吴自牧：《梦粱录》卷一六《米铺》，浙江人民出版社1980年版，第148页。

进的格局。到南宋时期，淮南地区则盐、钱成为主要产出，1160年前粮食也算是主要上供物资。茶的位置被钱取代。

1. 北宋时期上供钱非主要上供种类的原因

（1）交引的贬值

北宋时期，为了吸引粮商运输粮食到陕西沿边助军，政府在以茶引、盐引换取商人的粮食时，采取虚估之法，即以低于交引原价支给商人。如："令商旅入粟，近塞而算请钱货于京师，入粟拜爵。守之以信，则输者必多。边储不丰，州郡禁兵本非供役，乃就粮外郡耳，今不为战斗用，乃使之共力役，缓急戍守。"① 政府为了吸引商人更多地往西北运粮，只得不断降低价格支给茶引、盐引。这就使得交引价格不断下跌。交引贬值使商人可以较少的支出换取更多的交引数量。商人获利巨大，不过淮南产茶量却是有限的，这样大部分净利都被商人获得。这是上供钱没有成为上供物资主要部分的原因之一。虽然如此，不过在北宋初年，淮南的上供茶钱一度达到一个较高的水平，年上供钱达到100万②，到了北宋中期，情况就很不乐观了，史载："计置司首考茶法利害，奏言：'十三场茶，岁课缗钱五十万，天禧五年才及缗钱二十三万。每券直钱十万，鬻之，售钱五万五千，总为缗钱实十三万，除九万缗为本钱，岁才得息钱三万余缗，而官吏廪给不与焉。是则虚数虽多，实用殊寡。'"③ "如鬻舒州罗源场茶，斤售钱五十有六，其本二十有五，官不复给，但使商人输息钱三十有一而已。"④

---

① （明）朱怀幹修，盛仪纂：《惟扬志》卷三二《两淮备预对》，嘉靖二十一年刻本。
② 汪圣铎：《两宋财政史》，中华书局1995年版，第709页。
③ （宋）李焘：《续资治通鉴长编》卷一，天圣元年正月丁亥条，中华书局1992年版，第2314页。
④ 同上书，第2313—2314页。

(2) 官榷的废除，贴射法的实施

北宋前期，政府为掌握淮南盐、茶等巨利，实行官榷制度。先是政府给本区园户、盐户本钱，盐户、园户生产盐茶后全部卖给政府，在这种官榷制度下，盐、茶质量下降很快，因为官府注重的是盐、茶数量，忽视了质量。这样，盐、茶销路很是不畅，结果造成大量积压①。苏轼就对此颇有微词②。为了改善这种局面，政府改革茶法，如："因请罢三税，行贴射之法。其法以十三场茶买卖本息并计其数，罢官给本钱，使商人与园户自相交易，一切定为中估，而官收其息。"③ 政府收取息钱，是为贴射法，而贴射法使得政府不得不将很大一部分利润转移给商人，而这样做就使得政府获得的利益减少，因之使得上供钱减少。

2. 南宋时期上供钱成为主要转输物资的原因

(1) 地方上供物资折钱上纳的便利

南宋时本区情况特殊，朝廷经常大幅度减免本区赋税与物资之上供，也允许本区以各种物资折成钱或者交、会上纳。这样物资折成钞和钱在运输上较为方便。如："同日（绍兴十六年七月二十六日）（1146），权发遣舒州汪希旦言：'本州认发上供米麦，缘地居山僻，艰于行运。欲乞权依市直折纳价钱起发，内愿纳本色者听。'从之。"④ 1160 年之后甚至一度以直接发送会子来处理上供。如："乾道八年（1172）三月十三日，提举淮南东路常平茶盐等事、措置两淮官田徐子寅言：'检照乾道七年十一月四日指挥，措置行使铁钱画一内一项：两淮诸州军依准近降指挥，应起发上供等钱，并以七分见钱、

---

① 李晓：《宋代茶业经济研究》，中国政法大学出版社 2008 年版，第 144 页。
② （宋）苏轼：《经进东坡文集事略》卷四三，中华书局香港分局 1979 年版，第 749 页。
③ （宋）李焘：《续资治通鉴长编》卷一，天圣元年正月丁亥条，中华书局 1992 年版，第 2314 页。
④ 《宋会要辑稿》食货九之三，第 14976 页。

三分会子解发。今来沿淮州军见使铁钱并会子则难以发纳。今欲将沿淮州军合发纳钱，许令解发会子，所有自余近里州军，且令依所降指挥分数解纳见钱、会子，候将来普用铁钱日，别行条具申请。诏极边州军并用交、会，近里州军以钱、会中半起发。'"①

（2）茶盐产区遭受战争影响

漆侠先生认为：在北宋时期，茶、盐一直都是淮南地区上供中央的重要物资，如茶曾一度达到年800多万斤。②不过在南宋茶业衰落得很厉害，有记载的年产量不过2万多斤。③盐业虽然不像茶业衰落之快，不过在宋初和中后期战争期间也呈现非常不稳定的状态。政府又实行由商人在榷货务交纳现钱取得盐引至盐产区取盐的办法，这样，使榷盐收入折钱上纳。南宋时期淮南战火频仍，人口死亡迁徙者众多，而农业生产要求有固定生活的居民，人口不定居下来，农业生产很难得到提升。淮南人口因战火死亡者众多，金军火烧扬州城，存留者才几千人④。接着，王德撤军时，一把火把真州烧毁。因此，上供物资中不再包括粮食也是可以理解的，人口锐减、农田荒芜都是不再以粮食为主上供的重要原因。

（3）本区设置的铸钱监之作用

北宋时期，本区仅在熙宁年间设有同安监，专门铸钱。到了南宋，本区除了同安外，又先后在蕲州设置铸钱监，关于其铸钱数额，"同安、蕲春两监十年间共铸钱四百万贯"⑤。《建炎以来朝野杂记》

---

① 《宋会要辑稿》食货六四之五八、五九，第6128—6129页。
② 《宋会要辑稿》食货二九之三，第5310页。
③ 同上书，第5309页。
④ （宋）李心传：《建炎以来系年要录》卷二〇，上海古籍出版社1992年版，第1册，第302页。以下简称《要录》。
⑤ （宋）叶适著，刘公纯等点校：《叶适集》卷二《淮西论铁钱五事状》，中华书局1961年版，第23页。

也说两淮铸钱数量,"……舒州同安监岁二十五万缗,蕲州蕲春监十五万缗"①。钱监铸造了大量的铁钱,必定也有部分钱再回到淮上使用,这为上供钱提供了较为充分的来源。

(4)粮食留在本地,可以就近供给淮上大军

淮南实施军屯、民屯,直接供应淮上大军。有关淮上的军屯、民屯,日本学者梅原郁的《南宋淮南の土地制度試探：営田、屯田を中心に》有过较为详细的探讨②。《建炎以来朝野杂记》甲集卷十六中也说韩世忠在淮东屯田,又派官员往淮东淮西措置屯田,后诸多屯田变为营田③。这些屯田和营田的成果,对缓解南宋淮南大军的军粮供应紧张还是起到了一定的作用④。

第二节 物资转输地理格局和物资转输交通体系

目前研究物资转输基本还是将其视为具有线性特征的对象,集中探讨物资转输(主要是漕运)这个总体,当然还有针对和物资转输紧密相连的机构之研究,如发运司⑤,如押运漕船的兵稍、军大将等,以及就具体区域来考察梳理其物资转输。若要将宋代物资转输的研究

---

① (宋)李心传著,徐规点校:《建炎以来朝野杂记》卷一六《淮上铁钱》,中华书局2000年版,第360页。

② 南宋时期的淮南地区农业形式和北宋大不相同,梅源郁认为南宋时期淮南的官庄和招募人户耕种比较盛行。详见梅原郁《南宋淮南の土地制度試探：営田、屯田を中心に》,《东洋史研究》,1963年。

③ (宋)李心传著,徐规点校:《建炎以来朝野杂记》甲集卷一六《屯田》,中华书局2000年版,第347页。

④ 如吴业国认为南宋淮南以官庄为主要形式的国有土地大量出现,对于解决当时的军饷很有裨益。吴业国:《南宋"县阙无人愿就"辨正》,《史学集刊》2010年第3期。

⑤ 李晓:《宋朝江淮荆浙发运司的政府购买职能》,《中国社会经济史研究》2004年第2期;黄纯艳:《论宋代发运使的演变》,《厦门大学学报》(哲学社会科学版)2003年第2期。

推向深入，不另选角度则难以达到这一目的。如果我们将物资转输和行政区划相结合，找出淮南地区实施物资转输的府、州、军、监的共性——即运路或者配送地，之后因这些共有要素形成若干个物资转输区域，考察这些物资转输区域之间的关系，则应属于从另一角度对物资转输进行的研究。很明显，我们可以以淮南地区的府、州、州级军为基本行政单元来确定物资转输区域。当然，不属于淮南地区，但属于淮南东、西路管辖的州军依旧在我们研究的范围之内。

一 物资转输地理格局

我们的研究选择以水运为主。同时选择以地方转输中央为主导方向。前文所述，还得将属于淮南东、西路管辖，但却不属于淮南地区的蕲州、黄州、光州列入研究范围。

（一）北宋淮南地区物资转输地理格局

北宋时，淮南地区依托四州运送物资，其财赋依转般法运输至京师。先看淮河沿线，沿淮从西到东，分别是光州、寿州、濠州、泗州、楚州等。宋代淮南地区的河运是一普遍的交通运输方式，史载："……临淮、朐山皆便水运……"① 光、寿二州不通过汴河向京师输送物资，故不予划入。"……光、寿诸州之粟帛，自石塘惠民河沿流而至，置催纲领之。"② 与此类似，亦有另外一部分沿大江分布州、军，其从西到东分别是黄州、蕲州、舒州、无为军、和州、真州、扬州、泰州、通州等八州一军。该区域也是提供上供物资的重要地区，"岁课作茶输租，余则官悉市之……又民岁输税愿折茶者，谓之折税茶"③。"（乾德三年

---

① 《宋史》卷八八《地理四》，第2185页。
② 《宋会要辑稿》食货六二之一，第5949页。
③ 《宋史》卷一八三《食货下五》，第4477页。

九月，965）榷蕲、黄等州茶。从淮南转运使苏晓之请也。蕲、黄、舒、庐、寿五州，岁入百余万缗。"① 以上两类沿淮水、大江分布之州军出产数量虽然很高，但多不独自将上供运输到京师，都通过其他区域实现运输的目的。我们可将它们并为一类，统称为江河型区域。

在江河型区域之间有部分区域，它们既不属于北部的江河型区域，也不隶属南部的江河型区域，它不沿大江分布，是淮南地区不与大型河流产生直接关联之地。当然其也是本区上供的主要来源地之一，要实现将本区物资运输到京师的目的，只有通过江河型区域或者陆路运输到运河区域。仁宗天圣二年（1024）九月……又言："庐（州）……逐年和籴斛斗，乞只于真、楚、泗州就近收籴之。"② 从本质上来说，它们和江河型区域并没有什么区别，但它与其他区域没有共有部分，并在本区中处于一个相对独立的位置。我们可以将其单独划分出来，不妨称之为内陆型区域。

宋代的扬楚运河贯穿淮东全境，先从南部的真州、扬州向北，在楚州进入龟山运河，和淮水并行，然后在泗州北上，进入汴河。沿路有亳州、宿州、泗州、楚州、扬州、真州，这些州的共同特点是均沿运河分布，很大程度上依靠运河而保持其生机。如泗州"而南商越贾，高帆巨橹，群行旅集"，③"舟车辐辏之都"。④ 宿州也位于汴河沿岸，漕船往来，熙熙攘攘。⑤ 本区有四个需要特别关注的州，分别是

---

① （宋）陈均著，许沛藻、金圆等点校：《皇朝编年纲目备要》卷一，中华书局2006年版，第22页。
② 《宋会要辑稿》食货五四之三，第5739页。
③ （宋）张耒著，李逸安、孙通海、傅信点校：《张耒集》卷四九《思淮亭记》，中华书局1990年版，第768页。
④ （宋）徐铉：《徐骑省集》卷二八，文渊阁《四库全书》，台湾商务印书馆1983年版，第1085册，第213页。
⑤ 王鑫义：《淮河流域经济开发史》，黄山书社2001年版，第537页。

真州、扬州、泗州、楚州。这些州不但运输存贮本区域的上供物资，而且运输并存贮其他州军和路分的上供物资。史载："江南、淮南、两浙、荆湖路租籴，于真、扬、楚、泗州置仓受纳，分调舟船溯流入汴……"① 并且"初东南六路粮斛自江浙起纲，至于淮甸以及真、扬、楚、泗为仓七，以聚储，复自置汴纲般运上京，以江淮发运使董之，故常有六百万石以供京师"②。"止令逐路据年额斛斗，般赴真、楚、泗州转般仓，却运盐归本路发运司，更不得支拨里河盐粮纲往诸路。"③ 这些沿运河分布的州组成第三个区域，我们姑且称为运河型区域。

运河型区域与其他两个区域的不同之处在于它的两种功能，不但负责本区域的上供物资之转输，而且还需要运输本区之外其他类型区域和其他路分的上供。各路运输物资之船到达以上四州后，卸下物资装上盐再开回本区域。"江、湖上供米，旧转运使以本路纲输真、楚、泗州转般仓，载盐以归……"④ "在祖宗时，六路之粟至真州，入转般仓。自真下船，即下贮发运司入汴，方至京师。诸州回船，却自真州请盐，散于诸州。诸州虽有费，亦有盐以偿之。此是本朝良法。"⑤ 淮南东、西路也包括在此六路内。运河型区域欲保持其活力，疏通河道以保证运河通航能力是最关键之要素。北宋政府对此相当重视。"（庆历）七年（1047）九月二十九日，发运使柳灏言：淮南……运河久失开陶，颇成堙塞，往来纲运，常苦浅涩。今岁夏中，真、扬两

---

① 《宋史》卷一七五《食货上三》，第4251页。
② （元）马端临：《文献通考》卷二五《国用三》，中华书局1986年版，第246页。
③ 《宋会要辑稿》食货四二之一九，第5571页。
④ 《宋史》卷一七五《食货上三》，第4252页。
⑤ （宋）吕祖谦：《历代制度详说》卷四，文渊阁《四库全书》，台湾商务印书馆1983年版，第923册，第937页。

界旋放陂水，仍作坝子，仅能行运。久积泥淤，底平岸浅，贮水不多，易为满溢。连有雨泽，即泛斗门，堤防不支，或害苦稼……凡所供国赡军者，尽由此河般运，若或仍旧不加濬治，将见多滞纲运……委逐处官吏预计合用工料，开去浅殿，须得深至五尺……仍乞今后每二年一次，准此开陶。从之。"① 又有："元符二年，荆湖淮浙发运司言：真、扬、通、楚、海、高邮军界，运河浅涩，请令逐州军通签判兼管内运河庶可责办。从之。"② 当然，运河型区域所存储的物资并非全部输送至京师，当本地缺乏粮食时，一部分用来救荒。天禧元年（1017）"六月，江淮、两浙发运司言：真州等处转般仓及江浙上供米二百七十余万斛，欲留逐处，以济阙乏，从之"③。综上，我们可以图 1—1 示之。

据图 1—1 可以看到，在两个不同类型区域交叉地带正好是运河型区域的四个转般仓所在地，政府之所以在此设仓，除它们自身沿河之利外，便于其他区域输入亦当是原因之一。"政和二年（1112）……淮南路转运判官向子諲言：'转般之法，寓平籴之意。江、湖有米，可籴于真；两浙有米，可籴于扬；宿、亳有麦，可籴于泗。'"④ 又言："舒、庐等十三州军，逐年和籴斛斗，乞只于真、楚、泗州就近收籴之。"⑤

北宋末期，蔡京实行改革，改转般法为直达法，⑥ 虽然新的办法在北宋时期只实行了二十多年，但是到了南宋，这个办法在淮南地区

---

① 《宋会要辑稿》食货四二之一八，第 5570 页。
② （清）杨宜仑修，夏之蓉、沈之本纂：《高邮州志》卷一一，道光二十五年刻本。
③ 《宋会要辑稿》食货四六之五，第 5606 页。
④ 《宋史》卷一七五《食货上三》，第 4259 页。
⑤ 《宋会要辑稿》食货五四之三，第 5739 页。
⑥ （元）马端临：《文献通考》卷二五《国用三》，中华书局 1986 年版，第 247 页。

一直得以贯彻实施。淮南地区的上供船依然是自发运输至中央或者中央指定下卸地点。"至嘉定间，臣僚又言：'国家驻跸钱塘，纲运粮饷，仰给诸道，所系不轻。水运之程，自大江而下至镇江则入闸，经行运河，如履平地，川、广巨舰，直抵都城，盖甚便也。'"① 沿江的江河型区域出发的船也沿江而下，上供中央。

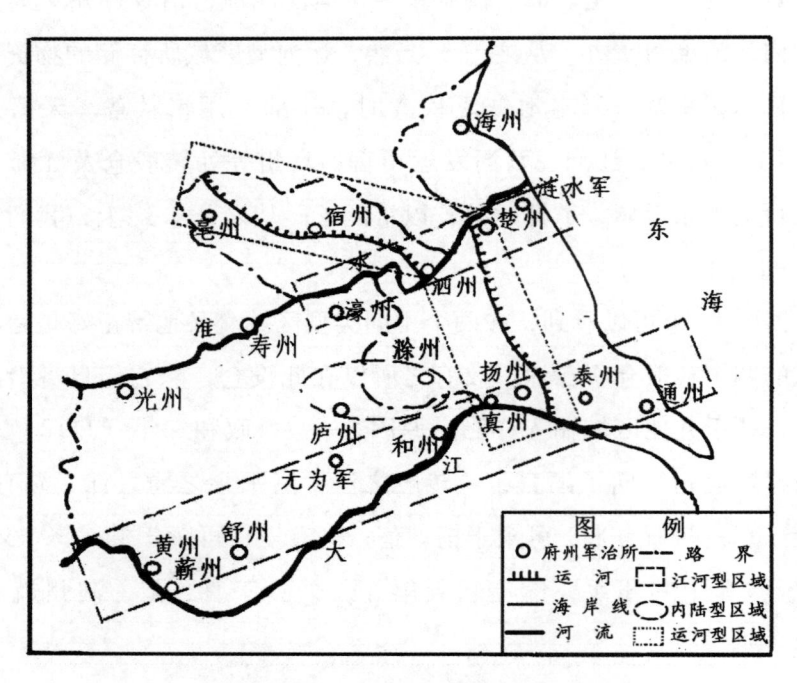

图1—1 政和元年（1111）北宋淮南地区主要类型区域②

（二）南宋淮南地区物资转输地理格局

两宋之交的战争，使得运河型区域的功能受到极大的影响，淮河

---

① 《宋史》卷九七《河渠七》，第2406页。
② 本图以谭其骧《中国历史地图集》为底图，为更直观表达地图的含义，采取了框架的表示法，以划入该框架的代表性城市来表示该州、军之所属区域，图2—2同理。

以北的运河段,"靖康而后,汴河上流……干涸月余,纲运不通。南京及京师皆乏粮"①。以至于乾道五年(1169),楼钥使金,见到的是汴水断流,无法通航的景象。②"二日癸未……宿灵璧。行数里,汴水断流。三日甲申……宿宿州。自离泗州循汴而行,至此河益湮塞,几与岸平。车马皆由其中,亦有作屋其上……"③

宋金和议达成,南宋官方承认金对淮河以北土地的所有权,运河型区域也因之丧失淮河以北地区,仅剩淮河以南的楚州、真州、扬州三州。后南宋政府在运河沿线另设高邮军。"(绍兴三十一年四月,1161)辛酉,复升扬州高邮县为军,以淮南转运副使杨抗言其户口最盛,且接连湖泺,猥通豪右,非增重事权,无以弹压故也。因命右通直郎知县事吕令门就知高邮军。"④又曰:"高邮,汉广陵郡邑也,国朝以其据江淮之冲,升之为军。"⑤这样,南宋时期的淮南运河型区域以三州一军为基础,形成了新的构架。绍兴四年(1134),南宋焚毁了楚扬运河上的一些工程,"淮郡诸水:绍兴初,以金兵蹂践淮南,犹未退师,四年,诏烧毁扬州湾头港口闸、泰州姜堰、通州白莆堰,其余诸堰,并令守臣开决焚毁,务要不通敌船;又诏宣抚司毁拆真、扬堰闸及真州陈公塘,无令走入运河,以资敌用"⑥。由于淮河前线物资运输的需要,南宋政府曾经整治楚扬运河,其中楚扬运河的工程以疏浚浅涩、恢复被破坏的工程设施为主,"五年正月,诏淮南宣抚司,

---

① 《宋史》卷九四《河渠四》,第2335页。
② 武同举:《淮系年表全编·宋二》,1928年刊本,据两轩存稿铅印。
③ (宋)楼钥:《攻媿集》卷一一一,文渊阁《四库全书》,台湾商务印书馆1983年版,第1153册,第687—688页。
④ (宋)李心传:《建炎以来系年要录》卷一八九,绍兴三十一年四月辛酉条,上海古籍出版社1992年版,第3册,第701页。
⑤ (清)杨宜仑修,夏之蓉、沈之本纂:《高邮州志》卷一一《陈侯修学记》,道光二十五年刻本。
⑥ 《宋史》卷九七《河渠七》,第2393页。

募民开浚瓜洲至淮口运河浅涩之处"①。由于漕运格局的变化，扬州等州的地位也与北宋时代无法相比，"宋室南迁，漕运格局改变，其地位更不及往昔"②。绍兴和议后，楚扬运河经修治虽可使用，但是仅限于淮南地区的运河型区域和沿淮的江河型区域。南宋政府建都临安，楚扬运河的作用大大降低，内陆型区域和沿江的江河型区域都不需要通过它来运输上供物资了。

　　由于战争，运河型区域也遭受巨大的冲击和毁坏，"良田沃土，悉为茂草"③，建炎三年，金军南下，扬州、真州遭到巨大破坏。运河型区域的地位由此衰落。原先运河型区域四州之一的泗州治所丢失，取而代之的招信军没有办法履行其原有的功能。宋金和议使得淮河以北的江河型州军所辖地区，包括海州和涟水军都被割让给金国，甚至淮南西路的首府寿州治所也被金人占去。泗州原有治所被割让给金国后，南宋在淮河以南的泗州土地上设置招信军，以盱眙为治所，一为防备金军进攻，兼之治理。相比北宋，南宋时期本区军设置增加，出于军事方面的考虑可能要多，说明淮南地区的军事职能上升，此为防备金军南下与战备之需要。江河型区域在运输物资时，"国家驻跸钱塘，纲运粮饷，仰给诸道，所系不轻。水运之程，自大江而下至镇江则入闸，经行运河，如履平地，川、广巨舰，直抵都城，盖甚便也"④。高宗建炎元年（1127）十一月十八日，知濠州连南夫言：尚书省札子："依黄潜厚所乞，下诸路守臣监司，各尽臣子之心，计置轻赍金帛，差官管押前去行在交纳，共济国用。"⑤ 沿江、沿淮各州运

---

① 《宋史》卷九七《河渠七》，第 2393 页。
② 高荣盛：《两宋时代江淮地区的水上物资转输》，《江苏社会科学》2003 年第 1 期。
③ 《宋会要辑稿》食货六三之九七，第 6035 页。
④ 《宋史》卷九七《河渠七》，第 2406 页。
⑤ 《宋会要辑稿》食货五四之七，第 5741 页。

输上供物资时，只需要自己装船上供中央。政府也下诏命令各路照此办理。"绍兴元年（1131）六月二十四日，户部言：诸路岁起粮斛，旧制：江、湖转般，两浙直达上京。比缘军兴，淮南转般仓敖烧毁殆尽，其江、湖粮纲自合权宜直达赴行在。"①

南宋时期的内陆型区域从总体上看，其包括的城市数量并未发生变化，并且是三种区域内唯一没有发生变化的地区。首先，这应和其位置、大小有关，其不是与金国交界地区，一旦发生战争，不会最先受到冲击；其次，其区域较小，仅包括庐州和滁州两地，遭受冲击面又要小许多。和北宋时代相比较，南宋淮南各个分区各自的特征不是很明显。

综上可以图1—2示之。

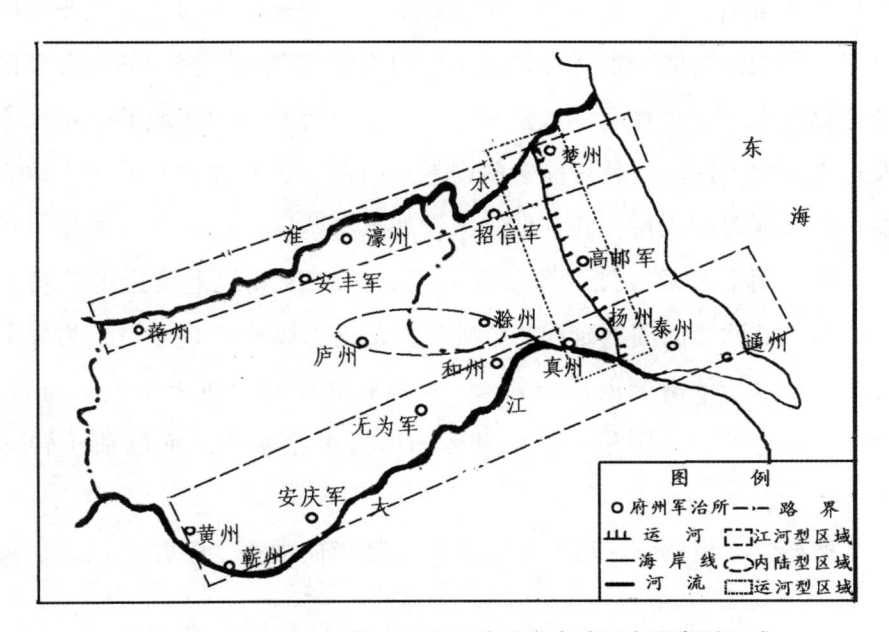

图1—2 绍兴三十二年（1162）南宋淮南地区主要类型区域

---

① 《宋会要辑稿》食货四三之一七，第5581页。

（三）物资转输地理格局的改变

综合上面两种区域划分，可以看到各区域与中央间的两种物资转输地理格局。

格局一，淮南地区三个区域均以转输上供物资的形式和中央产生联系，其中江河型区域和内陆型区域又通过运河型区域与中央产生关联，可以说在这样的构架内，运河型区域是其核心部分，没有运河型区域，其他两个区域和中央的联系就可能会产生问题。"（宣和）三年（1121）正月二十四日，诏：……淮……钱帛粮纲，见在运河阻浅，及江潮未应，难以前来。可令发运司相度权行寄卸于真、扬、楚、泗州、高邮军在城逐仓，令空船且往逐路折运，庶免日久纲兵侵欺官物，坐费粮食。如三四月河水通行，却载向上空船装发上京。"①在这个体系内，真、楚、扬、泗这些沿运河的州所起的作用就非常明显了。利用独特的位置优势，在本区内设置转般仓，接纳其他类型区域运输过来的上供物资。这是其一。其二，有些类型区域的上供来不及运抵运河型区域，就可能会耽误航运时间，为解决这一问题，政府在价格较低时购入粮食并存储起来，如果有些区域的上供不能按时运抵，四州用平时的存储的米暂代发运，等各区域的上供运抵后再补齐，这就免除了时间的延误。"顷者，发运司以钱一百万贯，为籴粜之本，每岁于淮南侧近趁贱籴米，而诸路转运司上供米至发运司者，岁分三限。……违限不至，则发运司以所籴之米代之而取值于转运司……"②

格局二，虽然三区域在输送方向上都指向中央，但并不代表都输

---

① 《宋会要辑稿》食货四七之九，第5616页。
② （宋）苏辙著，陈宏天、高秀芳点校：《苏辙集》卷第三七《论发运司以籴粜米代诸路上供状》，中华书局1990年点校本，第656页。

送至都城或者行在，三区域将物资输送至政府指定地点，但该物资由中央或者中央派出机构统一支配。虽然南宋淮南地区的物资输送经常为战争所阻，并且本区经常由外地输入物资，但是纵观整个南宋一朝，该种地理格局还是有一定地位的。这是一种特殊的地理格局，也可以直接视为特殊情况下的特有地理格局。此种格局的特点在于，并不呈现北宋时期那样经常性的物资输送，有可能因为外因而经常被打断。在受战争影响的时候，南宋政府采取了一些相关的办法尽可能予以避免，如："隆兴二年十二月十六日，德音：楚、滁、濠、庐、光州、盱眙、光化军管内并扬……高邮军……纲运往别处州县收藏或回易兴贩不曾遗失者，候德音到，限十日经所在首纳，并与免罪；如限满不首及首纳不尽，令监司守臣究治，开具奏闻，重寘于法。"① 影响因素消失后继续进行。又载："（绍兴）二十三年（1153）六月五日……申明将……淮南路诸州军今后起发米斛纲运至下卸处。"② 此下卸处应是中央指定卸载上供之位置。绍兴十九年（1149）三月二十六日，前知和州徐嘉问要求对和州城下的河道进行疏通以利于物资上供，并且朝廷也开始着手进行此项工作。③ 这也应属于江河型区域的上供。从图中看，无论是哪一种类型区域都独自向中央提供上供之物资，官方在淮南路境内没有向中央运输的专门机构，各个区域只得自己运输。运河型州军自己也备舟运输粮食上供中央或者中央指定下卸地点。"乾道三年（1167）十二月十八日，高邮军驻扎御前武绛军都统制兼知高邮军陈敏言：'粮纲交卸无欠，其人船合自卸所径便发

---

① 《宋会要辑稿》食货四四之八，第5587页。
② 《宋会要辑稿》食货四八之三，第5624页。
③ 《宋会要辑稿》方域一七之二三，第7608页。

回……'"① 又有"淳熙九年（1182），淮南漕臣钱冲之言：'真州之东二十里，有陈公塘，……凡诸场盐纲、粮食漕运、使命往还，舟舰皆仰之以通济，其利甚博"②。仅从物资转输上来说，南宋各个区域自己运输上供物资。

（四）成因探讨

两宋淮南地区物资转输地理格局转变原因是什么？从淮南各个区域来看，江河型区域内，"绍兴五年（1135）七月三日，权发遣蕲州马羽言：本州比年兵火，被害尤甚，民未归业，其上供钱、税租米斛，乞依黄州例免三年。从之"③。"绍兴十二年（1142）五月九日，户部言：舒州经残破两县人户，予免税租二年。其余诸县经惊扰逃避人户，予免一年。从之。"④ "（绍兴六年三月，1136）二十日，诸路军事都督行府言：契勘和州田产，兵火正当水陆之冲，比之他处，残破至极。窃见蕲、黄州并免三年，舒州免二年，令本州今夏起税，深虑输纳未前。望特免展免二三年，候招集人民，开垦田土，稍成次第日，起催施行。诏更予展限一年。"⑤ 本区域租税由于战争而减免次数增加，这势必影响江河型区域向中央的物资运输。内陆型区域，"绍兴六年（1136）十二月二十四日，权知滁州何洋言本州累经残破……"⑥ 再看运河型区域，"先是，真州兵烬之余，疮痍未复……"⑦ 又有"孝宗隆兴元年（1163）二月十八日，尚书户部员外郎奉使两淮冯方言：据高

---

① 《宋会要辑稿》食货四八之一，第5627页。
② 《宋史》卷九七《河渠七》，第2394页。
③ 《宋会要辑稿》食货六三之五，第5989页。
④ 《宋会要辑稿》食货六三之八，第5990页。
⑤ 《宋会要辑稿》食货六三之六，第5989页。
⑥ 《宋会要辑稿》食货六三之五，第5989页。
⑦ 《宋史》卷九四《食货上一》，第4172页。

邮军百姓状,自前年金贼犯顺,烧毁屋宇、农具、稻斛无余……"① 运河型区域也持续遭受创伤,"乾道二年(1166)三月十八日户部言:据两淮诸州军言,乞接续展免二税,缘两淮有沿边及近里州军并残破……难以一概放免……扬州、高邮军、真州……虽系近里,一经残破去处……"② 由于战争,导致运河型区域遭受重大破坏,已不如过去那样正常发挥自己的功能了,连南宋自己的官署也奏报"绍兴元年(1131)六月二十四日,户部言:诸路岁起粮斛,旧制:江、湖转般,两浙直达上京。比缘军兴,淮南转般仓敖烧毁殆尽,其江、湖粮纲自合权宜直达赴行在"③。自此,可以看到,频繁的战争对南宋时期的淮南地区物资转输也是有较大影响的,这是其在全国的经济地位落后于北宋时代的原因之一,同时也是导致本区物资输送地理格局发生改变的重要因素。

淮南地区在两宋区位的不同是导致地理格局变化的另一个因素,北宋时代,全国的精兵皆集中于京师,淮南地区处于京师与东南供馈区之间这样的一个衔接位置,保证漕运的通畅是北宋政府的首要之务,但南宋则不同,在漕运上本区已失去这样的区位优势。东南之供馈的输送并不需要经过淮南,只是在淮南缺乏物资之时才发往本区。

二 物资转输交通体系

上面我们以物资的转移为基础,从行政区划角度上展开研究。下面我们以物资的运输路线为线索换个角度进行分析。宋代淮南地区在

---

① 《宋会要辑稿》食货五八之一,第5821页。
② 《宋会要辑稿》食货六三之二五,第5999页。
③ 《宋会要辑稿》食货四三之一七,第5581页。

物资转输上占有重要地位,不仅为中央提供上供物资,同时还负担输送的任务。纵观两宋淮南地区的物资转输,从提供物资的人户转输到中央,构成了新的物资转输体系,这种体系是从交通角度来构造的,该体系在两宋时代经历了一个较大的转变。在物资转输体系的研究中,我们选择由地方向中央这样的转移方向为体系的基本导向。由于水运在淮南地区处于一个非常重要的地位,故我们以其为物资转输体系的基本贯联方式。

(一) 北宋淮南地区的物资转输体系

1. 从纳税户到州县的物资输纳:物资转输的基础

北宋时期,淮南地区的转输物资主要有粮食和盐、钱等,提供这些物资的人户将其送纳于州县,履行自己的纳税义务。如:"天圣元年(1023)六月十六日,诏:淮南通、泰、楚州煎盐亭户所卖纳盐货,自今本场须依条两平秤纳,如大秤作弊,监官重行朝典。替日有出剩,只据数收附入官,不得理为劳绩。"① 北宋在淮东产盐地方设立盐场,收购亭户出售的盐,而盐场由所属州军管理,税收由所属州县收纳。又"元丰六年(1083)七月九日,尚书户部言:江淮等路发运使蒋之奇奏:知州、通判与监事官未有赏罚,请以祖额递年增亏,从制置司比较闻奏。本部欲乞……淮……路诸州所收盐课……"② 淮南地区的盐课由亭户纳于州监管辖的盐场。北宋时期,各州县由于税负过大,逃税甚多。如:"政和八年(1118)权淮南江浙荆湖制置发运使任谅奏:'逃田不耕,除阁税赋,情弊多端。其间有人户冒佃而不纳税租者,有虽供税而冒佃不出租者,亦有逃户虽有归业,而尚不供输者,亦有荒薄无人耕种者。高邮军计有逃田四百四十六顷,楚州

---

① 《宋会要辑稿》食货二三之三三,第5191页。
② 《宋会要辑稿》食货二四之二四,第5206页。

有九百七十四顷，泰州有五百二十七顷。'"① 各纳税户对州军监官司的赋税送纳构成了物资转输第一层级，也是最基本的层级，没有这个层级，后续层级也就无法存在。应该说，这个层级最为庞大，因为它存在于北宋淮南地区几乎所有的州县与人户之间。这个层级的特点在于它连接了生产上供物资的人户与上纳州县，使它们之间建立了第一层关系，这种关系就是物资提供者与所属州县的直接征纳关系。有时，遇到特别减免、自然灾害的蠲租对后一层级也有影响，如天圣五年（1027）"闰（五）月戊申，减江、淮岁漕米五十万石"②。"熙宁八年（1075）八月丙申，诏：'发运司体实淮南、江东、两浙米价，州县所存上供米毋过百万石，减直予民，斗钱勿过八十。'"③ "是岁治平元年（1064）……泗、庐、寿、楚……高邮军大水，遣使行视，疏治振恤，蠲其赋租。"④ 因为自然灾害，这样较大规模的减免固然利农，但是也因此减少了赋税上纳。又皇祐三年（1051）十一月"乙亥，上谓辅臣曰：'江淮连年荒歉，如闻发运转运司惟务诛剥，以敷额为能，虽名和籴，实抑配尔。其减今年上供米百万。'因诏倚阁灾伤人户所输盐米"⑤。当然，如遇到灾荒，无法按照原定数额提供上供物资，那么中央也会酌情减免赈济，如：皇祐三年（1051）十一月乙亥"欲望圣慈特降指挥，应江、淮六路灾伤州县，凡是配籴及诸般科率，一切并与止绝，如敢故犯，并坐违制，庶几少释贫民倒垂之急。其上供米数若不敷原额，即候将来丰熟补填。仍令州县官吏多方擘

---

① 《宋会要辑稿》食货一之三三，第4818页。
② 《宋史》卷九《仁宗一》，第182页。
③ 《宋史》卷一五《神宗二》，第289页。
④ 《宋史》卷一三《英宗本纪》，第256页。
⑤ （宋）李焘：《续资治通鉴长编》卷一七一，皇祐三年十一月乙亥条，中华书局1992年版，第4118页。

划，赈济饥民，不得失所，兼委逐路提转专切提举，如不用心赈济，以致流亡及结成群盗，即乞一例重行降黜"①。

2. 从州县到运河区的物资输纳：物资转输的支点

转输物资在各州县纳毕，一般由州县从水路负责输送至运河区，这一部分也包括从真州到泗州的运河段。史载："在祖宗时，六路之粟至真州，入转般仓。自真下船……"② 宣和七年（1125）十一月十七日，诏："发运司累岁兴复转般，今方就绪，卢宗原见措置籴到米，并淮南仓见在均籴及经制余钱籴到米，各已累降指挥，并充转般代发岁斛"③。运河区的真、扬、楚、泗四州设置转般仓，转移存储州县输送过来的物资，负责向中央运输。这四州自身所提供物资亦由此转般进京。由于运河区承担一个转输功能，故朝廷对运河的通畅多加关注，并时时加以疏导，保证其畅通无阻。如："（庆历）七年（1047）九月二十九日，发运使柳灏言：淮南……运河久失开陶，颇成堙塞，往来纲运，常苦浅涩。今岁夏中，真、扬两界旋放陂水，仍作坝子，仅能行运。久积泥淤，底平岸浅，贮水不多，易为满溢。连有雨泽，即泛斗门，堤防不支，或害苦稼……凡所供国赡军者，尽由此河般运，若或仍旧不加濬治，将见多滞纲运……委逐处官吏预计合用工料，开去浅殿，须得深至五尺……仍乞今后每二年一次，准此开陶。从之。"④ 政府和籴时也在运河区附近进行，史载"政和二年（1112）……淮南路转运判官向子諲言：'转般之法，寓

---

① （宋）李焘：《续资治通鉴长编》卷一七一，皇祐三年十一月乙亥条，中华书局 1992 年版，第 4119 页。
② （宋）吕祖谦：《历代制度详说》卷四，文渊阁《四库全书》，台湾商务印书馆 1983 年版，第 923 册，第 937 页。
③ 《宋会要辑稿》食货四三之十三，第 5579 页。
④ 《宋会要辑稿》食货四二之一八，第 5570 页。

平籴之意。……宿、亳有麦，可籴于泗。'"① 说它是支点，并不代表它的作用首屈一指，只是说明它的承上启下作用，由此带动整个物资转输体系的运转。它如果出了问题，甚至会加重政府的和籴开支。如："庆历元年（1041）九月乙卯……制置司又言比年河流浅涸，漕运艰阻，糜费益甚，请量增江、淮、两浙、荆湖六路籴盐钱。下三司议，三司奏荆湖已尝增钱，余四路三十八州军，请斤增三钱或四钱。诏俟河流通运复故。既而制置司又置转般仓于江州，益漕船及僦客舟以运，因请六路五十一州军斤增五钱。"② 一旦在这一环节出现问题，可能会使得大量物资不能转输至京师和广大需要的地区。"兼运河浅涸，漕挽不行，远州村民，顿乏食盐，而淮南所积一千五百万石，无屋以贮，则露积占覆，岁以损耗，亭户输纳盐，应得本钱或无以给。"③

3. 从运河区到中央的物资输纳：物资转输的结局

首先，中央要求运河区州的长官兼管物资的输送，景祐三年（1036）四月"乙亥，诏知真、楚、泗州者，自今并兼管勾催遣纲运事"④。这样使得物资向中央的输送过程中有了明确的职责管理。从数量上看，汴河运输淮南之粟是一个逐步增长的过程，从最初的十万石到北宋中期的大致稳定在一百五十万石，这中间经历了一个渐长的过程。⑤ 当然，上京的汴河如果也出现问题，同样会影响漕运，故北

---

① 《宋史》卷一七五《食货上三》，第4259页。
② （宋）李焘：《续资治通鉴长编》卷一三三，庆历元年九月乙卯条，中华书局1992年版，第3173页。
③ （明）张宁修，陆君弼纂：《江都县志》卷之三一，万历二十七年刻本。
④ （宋）李焘：《续资治通鉴长编》卷一一八，景祐三年四月乙亥条，中华书局1992年版，第2782页。
⑤ 关于这一点可参考梁方仲先生的《中国历代户口、田地、田赋统计》（上海人民出版社1980年版，第294页）。

宋政府不遗余力地保证汴河的畅通。如：

> （大中祥符八年十二月癸巳）先是，马元方请浚汴河中流，阔五丈、深五尺，可省修堤之费。即诏韦继昇经度开浚。甲午，继昇上言："自泗州至开封府界，岸阔底平，水势薄，不假开浚，请止自泗州夹冈，用工八十六万五千四百二十八，以宿、亳丁夫充，计减工七百三十一万。仍请于沿河作头踏道擗岸，其浅处为锯牙，以束水势，使水势峻急，河流得以下泄，卒就未放春水前，令逐州长吏、都监、令佐督役。自今汴河淤澱，可三五年一浚。又于中牟、荥泽各开减水河。"并从之，仍命继昇都大巡检修护。及功毕，继昇表请罢修河一年，上曰："惜得夫役诚善，必不为民患否？"继昇极言其利，上以当更遣人相视，异日河决，虽罪言者亦无益。①

将物资输送到京师是转输的最终目标，但是这一层面并非一帆风顺，由于各州上供时有推迟，或因运河而受阻，运河区州军就在附近和籴，存储起来，作为灾荒之年救济之用，同时还可以作为因淮南和东南路分上供不及时的预备。史载："顷者，发运司以钱一百万贯，为巢籴之本，每岁于淮南侧近趁贱籴米，而诸路转运司上供米至发运司者，岁分三限。……违限不至，则发运司以所籴之米代之而取值于转运司……"② 有时运河区也截留其他地方的上供作为缺粮时的补充。如：天禧元年（1017）六月"庚辰，发运使言，真州等处转般

---

① （宋）李焘：《续资治通鉴长编》卷八五，大中祥符八年十二月癸巳条，中华书局1992年版，第1959—1960页。
② （宋）苏辙著，陈宏天、高秀芳点校：《苏辙集》卷第三七《论发运司以巢籴米代诸路上供状》，中华书局1990年点校本，第656页。

仓及江、浙上供米二百二十余万斛，欲留逐处以济缺乏，从之"①。

（二）南宋淮南地区的物资转输体系

1. 从人户到州县的物资输纳：物资转输的基础

南宋时期，淮南地区处于两国边界，军事因素上升到一定层面，物资转输非常不稳定，物资转输层级也受军事因素影响较大。和北宋时期不同，农业产出已经不占绝对地位，盐业和上供钱地位上升，这就使得转输物资的构成发生了较大的变化。②

南宋淮南地区的纳税户在每年取得收成后，为完成核定的上缴赋税之义务，亦将收入的一部分送至州县官司缴纳，这其中的很大一部分成为转输物资。如：

> 隆兴六年（1168）二月八日，……淮东路诸处沙田、芦场多系有力之家请佃……俊彦等言：今来所立租税，自六年为始，依秋料省限送纳，其人户自行供到宽剩数目，亦合依本所已立租佃例输纳……人户日前曾有立定所租田地，比今来等第已高者，合依旧数送纳，其旧额低于新立者租税，即合依新立……所有合纳租税，许令就便于本州县送纳，其受纳官司不得增收加耗……并从之。③

---

① （宋）李焘：《续资治通鉴长编》卷九，天禧元年六月庚辰条，中华书局1992年版，第2070页。

② 关于盐的转输，南宋时期淮南盐成为全国主要产地，供应了南宋淮南、江南、荆湖数路，和浙盐合为一体，行销于除四川、福广外的南宋统治区。关于钱的上供，汪圣铎先生在《两宋财政史》中作过详细的比较，淮南西路和淮南东路在南宋十六路中分别居第2位和第8位，加一起占南宋当年全部上供钱的五分之一。汪圣铎：《两宋财政史》，中华书局1995年版，第877页。

③ 《宋会要辑稿》食货一之四五，第4824页。

可见，这基本田赋是人户按照初期所订的数目上纳本州县的，我们也可将其视作物资转输的第一层级：从人户到州的层级。人户是上供物资的主要来源，每年在夏税秋税上纳时限之前，他们都要将应缴赋税输送于州县，完成上缴的义务。各州县是上供物资的第一接纳者，他们则负责接纳物资并输送至中央。有时朝廷要求淮南地方州县在对待增加田地时，不对新开垦的田地征收赋税。如："乾道七年（1171）六月三十日，乞申敕两淮州县，民户有增垦田，今春止令输纳旧税，不得创有增添。从之。"①

2. 从州到中央的物资输纳：物资转输的最终结束

从位置上看，南宋本区向都城的转输并不占优势，究其原因，一则南宋杭州与北宋开封不同，全国的绝大部分军队并不聚集于此，南宋的大军聚集地主要还是沿边和沿江一带，其目的主要还是防备金人南下。二则中央收纳地方上供物资的主要机构并不如北宋那样基本聚集于京师，如左藏库就于建炎二年设置于江宁和平江府一段时间。②平江府也曾长期设置和籴场收粮。

从州到中央这一级的运输是淮南地区对中央上供的最后一个层级，至于作为淮南地区上供中央物资中占有重要地位的上供钱，则多输纳于淮南两个总领所处。如：

绍熙三年（1192）四月……吏部尚书赵汝愚与从官陈骙、罗点、谢深甫合奏，乞印造两淮会子三百万贯付两路，每贯准铁钱七百七十，淮东二分，淮西一分，依湖北例三年一兑。……应两

---

① 《宋会要辑稿》食货六之二，第4889页。
② （元）佚名：《宋史全文》卷一六下，黑龙江人民出版社2005年版，第928页。

淮上供及户部钱物并权发见钱三年,令淮南漕司桩管……①

首先,输纳于总领所的物资,其直接缘于淮南地区的需要,同时亦有输纳于行在的,如:

> (乾道)五年(1169)二月初一日……徐子寅言:……仍令宝应、山阳知县纽计元置造农具、屋宇,及元买耕牛价直,并所借种粮钱均作五年拘还,其所收钱每年从楚州类聚,解纳行在左藏南库桩管、送纳。②

但不管是输纳于行在还是总领所,我们均可视为由中央来进行支配。

其次,物资上纳并非都是实物,地方上有以实物折成钱上纳,如:

> (绍兴)三十一年(1161)七月,知通化军莫蒙言:江淮荆楚之间,年谷屡丰,粒米狼戾。……乙未,诏新造会子。许于淮、浙、湖北、京西路州军行使,除亭户盐本钱并支见钱外,其不通水路州军上供等钱,许尽用会子解发。沿流诸州军钱、会各半。其诸军起发等钱,并以会子品搭支给。用户部请也。③

---

① (元)佚名:《宋史全文》卷二八,黑龙江人民出版社 2005 年版,第 1966 页。
② 《宋会要辑稿》食货三之一七,第 4844 页。
③ (宋)李心传:《建炎以来系年要录》卷一九一,绍兴三十一年七月乙未条,上海古籍出版社 1992 年版,第 730 页。

由于本区在南宋初年受战争影响较大，减免较多，故并非所有州县都能做到物资转输不间断。在此期间中央经常减免淮南地区的应纳赋税，如："绍兴五年（1135）七月三日，权发遣蕲州马羽言：'本州比年兵火，被害尤甚，民未归业，其上供钱、税租米斛，乞依黄州例免三年。'从之。"①"绍兴十二年（1142）五月九日，户部言：舒州经残破两县人户，予免税租二年。其余诸县经惊扰逃避人户，予免一年。从之。"② 减免造成了上纳赋税的减少，也使得向中央的物资转输弱化。

（三）两宋淮南地区物资转输体系的转变

由上述可以看到，两宋淮南地区存在不同的物资转输体系：先看北宋淮南地区物资转输体系。它分别由位于层级底部的亭户和田赋纳税户至州县的输纳、州县至运河区的输纳、运河区至中央的输纳这样三个层级组成。三个层级按物资从州县输送于中央的顺序可分别称为初级层级、中级层级与高级层级。中级层级在初级层级与高级层级之间处于一个枢纽地位，承接初级层级和高级层级，起到一个承上启下的作用。这样，整个北宋时代淮南地区的物资转输呈一种层叠式体系，这种层叠式体系的存在有赖于支点的正常运转。如果支点出现问题，则整个体系都会受到影响。一般说来，层级越多，体系越复杂，反之，则越简单。南宋时期，本区的转输则简单得多，呈一种两重式的体系。两种层级依前后顺序分列。与北宋时期的物资转输相比较，缺失了中间层级。从某种程度上说，层级的减少也说明本区的物资转输性质的改变。南宋时代的淮南地区则不再拥有物资的集中转输功能。在北宋时期，运河区就时有阻塞，当时的政府加以疏通，故对运

---

① 《宋会要辑稿》食货六三之五，第5989页。
② 《宋会要辑稿》食货六三之八，第5990页。

河之转输并未有太大的影响，只是到了北宋末年，政府疏于治理，导致运河阻塞成为经常发生之事。而这事实上为物资转输体系之改变做了准备。

（四）影响物资转输体系转变的因素

影响两宋淮南地区物资转输体系的因素有战争、漕运格局、地区区位改变等。

1. 战争

两宋之交的战争使得运河地区破坏严重，以至于淮河以北的运河段，"靖康而后，汴河上流……干涸月余，纲运不通。南京及京师皆乏粮"①。以至于乾道五年（1169），楼钥使金，见到的是汴水断流、无法通航的景象。淮南地区的运河转般功能被破坏，如："绍兴元年（1131）六月二十四日，户部言：'……比缘军兴，淮南转般仓敖烧毁殆尽……'"② 这使得运河区丧失了转般功能，并且在以后也没有恢复过来。不仅运河区遭受重大破坏，并且淮南区域其他部分也遭受严重破坏，使本区农业遭受创伤，经济地位受到较大影响。

2. 漕运格局之转变

北宋时期，东南之粟皆输往开封，呈一种由南至北的运输格局，南宋时，皆输往杭州和南部地区，当然杭州也并不是唯一输入地。由于军事的需要，淮南地区在战争时期也变成了粮食输入地区。③

---

① 《宋史》卷九四《河渠四》，第2335页。
② 《宋会要辑稿》食货四三之一七，第5581页。
③ 如吴松弟教授认为，对于淮南地区要具体问题具体分析，淮南地区在战争时期，经济发展、人口增减受其影响较大，但是除了战争时期，毕竟还是有60多年的和平时期，这个时期经济、人口都得到了一定的恢复。吴教授甚至认为蒙元进攻南宋持续时间并不长，并且还不以淮南地区为主要攻击对象。吴松弟：《北方移民与南宋社会变迁》，台湾文津出版社1993年版，第105页。

3. 淮南地区区位的改变

北宋时期，淮南地区处在东南六路与京师之间衔接的位置，不仅淮南东西路的物资转输要依托淮南地区，并且其他四路的物资转输一样要依靠淮南地区的转输功能。但是，南宋时期则不一样，南宋本区已由过去的腹心位置转变成为边境地区。从地理上看，各地粮食向中央的输送并不需要再经过淮南的运河区域。

北宋时代，淮南地区除了自身以150万石运输至中央外，还承担着转输其他区域物资至京的任务。运河上，漕船来来往往，非常繁忙，同时北宋政府相当重视运河区域的畅通，不定期进行清淤工作，政府在运河区设立转般仓，显然此时运河区已成为整个淮南地区甚至是东南地区上供中央物资转输的枢纽。但是到了南宋，本区不但失去了运河区的转般功能，甚至连转般仓也因战火而烧毁殆尽，淮南地区大多数物资的上供也不再需要运河区，有些甚至不需要通过运河区。可见，淮南地区在物资的转输上的地位已然衰落了。

第三节 转般法和直达法在淮南

一 淮南地区的漕运相关问题

（一）转般仓的设置原因

北宋政府在运河四州设置七所转般仓存贮东南运过来的粮食物资，之所以在此设仓，影响因素如下：其一，由气候而起之地理因素。每年到了十月，因气候寒冷，政府给押纲士卒休假，而从东南运过来之粮食物资如未到京师，因放冻期不能再前行，如因此而运回则得不偿失，建仓存贮，等来年再前行即可。（天圣三年，1025）"至十月，放牵驾兵卒归营，谓之放冻"①。运河四州因在路途之中，在此设仓能节约时间，并且便利了物资的输送，如淮南的楚州、涟水军可输送物资于楚州，安庆军、无为军、泰通等州军可输送物资于真、扬二州。故成为设仓的地点。② 其二，集中调节需要。直达法下的漕船进京，则运河上，各地漕船均通过运河运输进京，本来就不宽阔的运河航道则更显拥挤，在淮南设置转般仓进行转输，因转般仓所在州漕船有限，可以有效解决这一问题。

（二）转般仓的功能

1. 代发、籴买

各地通过转般仓向京师转输粮食物资。不过，虽然北宋政府制定了诸多办法以确保物资及时送达，但如果物资不能及时送达，则相关官员则会受到惩戒，京师粮食物资也会因此受到影响。转般仓在此起到一个枢纽作用，在地方上供不及时的情况下，转般仓可以用附近籴买的米代发进京，这样就缓解了地方上供不及时的矛盾。"顷者，发运司以钱一百万贯，为籴籴之本，每岁于淮南侧近趁贱籴米，而诸路转运司上供米至发运司者，岁分三限。……违限不至，则发运司以所籴之米代之而取值于转运司……"③

---

① 《宋会要辑稿》食货四二之一九，第5571页。

② 广西师大周建明教授认为，影响宋人设置转搬仓的原因是盐，为节省漕船往返的成本，需要在淮南设置转搬仓，这可以认为是一种由盐缘起之地理因素，见《论北宋漕运转般法》史学月刊1988年第6期。同时《文献通考》中认为之所以在淮南设置转搬仓是出于"以备中都缓急"的需要。详见《文献通考》卷25《国用三》，中华书局1986年版，第247页。这条史料没有提到楚州接收的是来自何地的米麦，陈峰认为接收的是淮东的上供物（陈峰：《北宋东南漕运制度的演变及其影响》，《河北学刊》1991年第2期）。日本学者西奥健志认为是淮南路的漕米（《宋代大运河の南北物流》，《東洋学報》第八九卷，第1号，2007年）。这样，就淮东的上供物资来看，海州应是就近输送物资于楚州，且其隶属于淮南东路。

③ （宋）苏辙著，陈宏天、高秀芳点校：《苏辙集》卷三七《论发运司以籴籴米代诸路上供状》，中华书局1990年点校本，第656页。

2. 转般

东南诸路斛斗自江湖起纲，至于淮甸以及真、扬、楚、泗，建置转般仓七所，聚蓄粮储，复自楚泗汴纲般运上京。①

淮南路转运判官向子諲奏："转般之法，寓平籴之意。江、湖有米，可籴于真；两浙有米，可籴于扬；宿、亳有麦，可籴于泗。"② 这样看来，江南东西、荆湖南北的上供米转输至真州下卸，两浙之米可在扬州入仓，淮西之米，在泗州进库。最后加计原有上供功能，运河州军总共具有四种功能。政府在东南六路实施转般法来运输上供，总的来说，转般法实施时间较长。

（三）运河区漕运管理人员配置

政府在运河区四州设置七个转般仓，"宣和八年（1126）三月十二日，臣僚言：'东南诸路斛斗自江湖起纲，至于淮甸以及真、扬、楚、泗，建置转般仓七所，聚蓄粮储，复自楚、泗置汴纲般运上京'"③。为保证漕运的畅通，政府在运河区配备了一批官员进行管理，其中包括为转般仓配备的监官。如谢师宰就曾经担任过监守楚州转般仓的官职。④ 为使物资输送从州县至京师一路顺畅，政府命令各州军知州、通判也参与漕运事务。景德元年（1004）"十月，淮南转运使邵晔请令漕运所出州军知州、通判，依河堤例兼管辇运公事，从

---

① 《宋会要辑稿》食货四三之一三，第5579页。

② 《宋史》卷一七五《食货上三》，第4259页。这条史料没有提到楚州接收的是来自何地的米麦，陈峰认为接收的是淮东的上供物（陈峰：《北宋东南漕运制度的演变及其影响》，《河北学刊》1991年第2期）。日本学者西奥健志认为是淮南路的漕米（《宋代大運河の南北物流》，《東洋学報》第八九卷，第1号，2007年）。这样，就淮东的上供物资来看，海州应是就近输送物资于楚州，且其隶属于淮南东路。

③ 《宋会要辑稿》食货四三之一三，第5579页。

④ 王安石：《临川先生文集》卷九六《秘书丞谢师宰墓志铭》，中华书局1959年版，第991页。

之"①。这样使得参与漕运的地方官员数量增加，物资的输送比过去更有保障。又在真、楚、泗三州设置排岸司，②对漕船的行进速度进行监督。如："乾兴三年（1025）十月十二日，诏：江淮南、两浙、荆湖沿江府河州军排岸、催纲、巡检使臣，自今纲船到地分，昼时审看风色，催促起离，不得勒住。"③并且颁布诏令，对停滞时间过长的押运官员予以惩罚，如：元丰元年（1078）八月己未"诏：诸官员管押并附搭纲运，所过州军无故不得住过五日，如违，三司勘罪以闻……"④

　　押纲人员也属于管理人员之列，只不过押纲人员随船行进，这与不随纲管理人员略有不同。宋初，淮南漕船的押运工作由服役的乡民完成，但是效果并不好，太宗太平兴国八年（983）九月"十三日，帝曰：'诸道州、府多差部内有物力人户充军将，部押钱帛粮斛赴京，此等乡民，乡村之民，而篙工、水手及牵驾兵士，皆顽恶无籍之辈，岂斯人可擒制耶？侵盗官物，恣为不法者，十有七八。及其欠折，但令主纲者填纳，甚无谓也。亡家破产，往往有之。'"⑤太宗也曾下诏派遣牙将部送物资，勿复扰民。⑥这些军将、军大将，原本是无品的低级武官，此时开始成为押纲的主要人员。押纲人员的主要职责除了保证漕船物资行进路上的安全外，还需要保证漕粮的干燥，不能受潮。如：乾兴三年（1025）十月十二日"应辖下州军每遇装发粮纲，先勒押纲人员入敖看验斛斗，如是凉冷，即责纲众结罪文状装发。若

---

① 《宋会要辑稿》食货四二之三，第5563页。
② 《宋会要辑稿》食货四二之十，第5566页。
③ 同上。
④ （宋）李焘：《续资治通鉴长编》卷二九一，元丰元年八月己未条，中华书局1992年版，第7123页。
⑤ 《宋会要辑稿》食货四二之一，第5562页。
⑥ （元）马端临：《文献通考》卷二五《国用三》，中华书局1986年版，第244页。

斛斗发热，即仓司并役人力般腾出敖，就廊屋滩浪冷定后装发"①。为了减少漕运路上的物资损失，政府增加押纲人员数量，以使其互相监督。大中祥符九年（1016）五月壬子"淮南、江、浙、荆湖制置发运使李溥以岁满再任。溥……又言漕舟旧以使臣或军大将，人掌一纲，多侵盗。自溥并三纲为一，以三人共主之，使更相伺察。是年初，运米一百二十五万石，才失二百石云"②。南宋初期，金军南下，对淮南地区造成很大的冲击，北宋时的和平局面被打破。宋金和议，大规模的战争告一段落，由于处于两国交界，故淮南地区之军事防御职能有存在的必要，物资漕运以其特有形式存在，有则发，无则免。对于纲运的押送，当地政府采取招募的办法，招募那些有实力的土豪进行押送。如：（乾道二年十月十四日）（1166）"淮东总领韩元龙奏立纲赏因裁酌而有是命，元龙仍请招募土豪，自用人船，每二万硕、千里以上，补进义校尉，二千里以上补进武校尉，三千里以上补承信郎，仍许随纲带三分米斛兴贩。如无拖折，给赏外，更免户下非泛科率半年。并从之"③。

（四）漕运风险的解决

运河在淮南地区的主体是泗州到真州这一段，它北起泗州、南达瓜洲（今江苏镇江市区长江对岸），漕运最大的危险一是水流湍急，容易发生翻船事故。史料记载："初，楚州北山阳湾尤迅急，多有沉溺之患。"④又载："雍熙中，转运使刘蟠议开沙河，以避淮水之险，

---

① 《宋会要辑稿》食货四二之一，第5566页。
② （宋）李焘：《续资治通鉴长编》卷八七，大中祥符九年五月壬子条。中华书局1992年版，第1990页。
③ 《宋会要辑稿》食货卷四八之一，第5627页。
④ 《宋史》卷九六《河渠六》，第2379页。

未克而受代。乔维岳继之,开河自楚州至淮阴,凡六十里,舟行便之。"①为解决运河水流减少的问题,政府在运河上设置多处堰,保证运河有充足的河水以满足行船。"(雍熙元年二月壬午,984)以右补阙乔维岳为淮南转运使。维岳……又建安北至淮澨,总五堰,运舟十纲上下,其重载者,皆卸粮而过,舟坏粮失,率常有之,纲卒傍缘为奸,多所侵盗。维岳乃命创二斗门于西河第三堰,二门相踰五十步,覆以夏屋,设悬门蓄水,俟故沙湖平,乃泄之。建横桥于岸,筑土累石,以固其趾。自是,尽革其弊,而运舟往来无滞矣。"②这是为免除淮河风高浪急之险而采取的办法。对于泗州到楚州这一段河道,仁宗时,发运副使许元又开洪泽渠,自磨盘口傍淮开凿至洪泽镇,熙宁四年,皮公弼又重新对它进行疏浚。元丰年间,发运使蒋子奇又从洪泽镇开凿一条运河通蛇浦。这样一条与淮河并行的河道完工,免除了在淮河上行船风大浪急的危险。范仲淹在泰州任职期间,也曾对高邮以北的运河河道进行过治理,并修成一条二百里长的石堤,石堤起了防波堤的作用,有效减少了附近湖水对漕运河道的侵蚀。③"宣和二年(1120)九月,以真、扬等州运河浅涩,委陈亨伯措置。三年春,诏发运副使赵亿以车畎水运河,限三月中三十纲到京。宦者李琮言:'真州乃外江纲运会集要口,以运河浅涩,故不能速发。按南岸有泄水斗门八,去江不满一里。欲开斗门河身,去江十丈筑软坝,引江潮入河,然后倍用人工车畎,以助运水。'从之。"④

---

① 《宋史》卷九六《河渠六》,第2379页。
② (宋)李焘:《续资治通鉴长编》卷二五,雍熙元年二月壬午条,中华书局1992年版,第573—574页。
③ (宋)范仲淹著,李勇先、王蓉贵校点:《范仲淹全集》卷八《泰州张侯祠堂颂》,四川大学出版社2002年版,第173页。
④ 《宋史》卷九六《河渠六》,第2388页。

（五）漕船的建造

本区内的楚州、泗州是漕运船只的主要供给地。史载：神宗元丰三年（1080）六月二十七日"诏真、楚、泗州各造浅底船百艘，团为十纲，入汴行运"①。此后，每年还要各造一定数量同样的船充抵漕船。为保证漕船的数量，北宋政府曾多次下令确保常额。如："政和四年（1114）十二月十二日，发运副使李偃言：'近承尚书省札子节文：开修济河毕工，下发运司打造舟船。勘会所打舟船一千三百只，座船一百只，浅底屋子船二百只，杂般座船一千只，并三百料，缘真、楚、泗州先打广济河船，除座船打造其百料外，其屋子并杂般船，相度并只乞打二百五十料，所贵于济河、五丈河通快行运，亦减省得材料。'从之。"②当然，淮南的漕船不仅限于本区的生产，外地也有移送本区的。"哲宗元祐五年（1090）正月四日，诏温州、明州岁造船以六百只为额，淮南、两浙各三百只。从户部裁省浮费之请也。"③另外，政府运输船只也曾以和雇形式来取得。如：大中祥符元年（1008）二月庚戌"江、淮运粮多和雇客船，上谓宰相曰：'商旅趋利，若此必阻贸易，又恐都下粒食增价。'乙卯，令有司勿复和雇"④。南宋时本区的漕运船只，一是土豪自备，"招募土豪，自用人船"，二是南宋在淮南的楚州、扬州设立造船场，打造漕运船只。

---

① （宋）李焘：《续资治通鉴长编》卷三五，元封三年六月己未条，中华书局1992年版，第7432页。

② 《宋会要辑稿》食货卷五之六，第5659页。

③ 《宋会要辑稿》食货卷五之四，第5658页。

④ （宋）李焘：《续资治通鉴长编》卷六八，大中祥符元年二月庚戌条，中华书局1992年版，第1526页。

二 漕运直达法比较

物资转输是宋代财政史上的重要问题，维持宋朝国家机器的正常运转不可或缺。物资转输包括水运和陆运。宋代的水运基本以漕运为主，漕运的运输物资方式有转般法和直达法两种。北宋时期，转般法和直达法交替使用。对于直达法，前贤汪圣铎、陈峰、周建明、吴琦、曹家齐等学者的研究对直达法都有涉及①。到了南宋，漕运格局大变，地方上直接将物资输送至指定地点，并不都输送行在，因此直达法成为主流。虽然两宋都曾用直达法输送粮食物资，但两个时期却有诸多不同，那么，两宋直达法的不同表现在什么地方？直达法对后世又有什么样的影响？目前有关两宋直达法比较研究并无专文讨论。

（一）北宋漕运直达法之形成

自隋代开运河之后，江南的粮食随着运河的开通，直接运输至京，只是当时的运路并不稳定，仅在开封附近先后就有淮泗线、淮汴线、蔡颍线、泰西运河等可供江南粮食漕运京都的路线，且隋朝国祚太短，说它是我们通常所说的直达法未免有些勉强②。隋朝在陕州、华州等地设置几个大粮仓储运江南粮食。不过这些粮仓并非转般仓，是专门供存贮粮食之仓，转般仓是转般法的重要构件之一，转般仓未能建成，转般法当然也不可能形成。到了唐代开元时期，裴耀卿在总

---

① 详见汪圣铎《两宋财政史》、陈峰《北宋东南漕运制度的演变及其影响》，《河北学刊》1991年第2期；《试论唐宋时期漕运的沿革与变迁》，《中国经济史研究》1999年第3期；周建明《论北宋的漕运》，《中国社会经济史研究》2000年第2期；周建明《北宋漕运发展原因初探》，《华南理工大学学报》（社会科学版）2001年第2期；曹家齐《运河与两宋国计略》，《徐州师范大学学报》（哲学社会科学版）2001年第2期；吴琦《中国历代漕运改革述论》，《中国农史》1996年第1期。

② 陈峰认为直达法最早产生于宋仁宗天圣时。陈峰：《北宋东南漕运制度的演变及其影响》，《河北学刊》1991年第2期。

结前人的基础上于扬州、汴口、渭口置仓,根据不同运河段的水情分段运输。刘晏在引入前人优秀成果的基础上改进此运输之法。北宋时期,转般法被引入江南粮食运输中。北宋中期,直达法被引入物资转输,方仲荀提议为避免贵重物品在转般输送过程中发生丢失而请求实施直达法①。应该说,北宋中前期,主要还是以实施转般法为主,只是在金帛茶布等少数物资输送上实施直达法。故直达法在北宋还不普遍。到北宋后期,转般法被破坏,汪圣铎认为之所以造成如此情形是由于发运使权重,将漕船控制在自己手中,造成汴河的漕船可以出江赴诸路,诸路纲船也可以赴京师②。之后,诸路索性不再认真操办纲船。从发运司角度来看,行直达可以加快漕运进度和提高漕船的利用率,并且减少一次装卸麻烦。这样一来,在北宋占统治地位的转般之法开始松动,大有被破坏的趋势。作为替代转般法的物资转输方式,直达法的重要性越来越突出。不过由于北宋直达法还有一些不足之处,所以宋廷对转般法无法马上舍弃。北宋末期,直达法和转般法交替占据主要位置,这种变动较为频繁③,但最终还是直达法占据上风。可见直达法代替转般法还是经历了一个艰难的过程。

(二)南宋直达法的全面确立

1127年金兵南下,灭亡了北宋,同年高宗在应天府称帝,建立南宋,在金兵追击下,高宗南逃,物资转输送达地点较北宋更为混乱。

高宗建炎元年,诏诸路纲米以三分之一输送行在,余输京师。二年,诏二广、湖南北、江东西纲运输送平江府,京畿、淮南、京东

---

① 《宋会要辑稿》食货四七之三,第5613页。
② 汪圣铎:《两宋财政史》,中华书局1995年版,第571页。
③ (宋)陈均著,许沛藻、顾吉辰等点校:《皇朝编年纲目备要》卷二七,中华书局2006年版,第682页。

西、河北、陕西及三纲输送行在。又诏二广、湖南北纲运如过两浙，许输送平江府；福建纲运过江东、西，亦许输送江宁府。三年，又诏诸路纲运见钱并粮输送建康府户部，其金银、绢帛并输送行在。绍兴初，因地之宜，以两浙之粟供行在，以江东之粟饷淮东，以江西之粟饷淮西，荆湖之粟饷鄂、岳、荆南。量所用之数，责漕臣将输，而归其余于行在，钱帛亦然。①

高宗定都临安，确立了在江南的统治。绍兴十一年（1141），南宋设置四大总领所，淮东总领所设置于镇江，最初设置于韩世忠大军驻扎的楚州，主要负责淮东大军的后勤补给。淮西总领所设置于建康，主要负责淮西大军的物资供给。湖广总领所主要负责荆湖大军的后勤供应。南宋在江州也曾设置转般仓搬运粮食，供给江州部队，不过这个转般仓设置时间较短，后撤罢。南宋于绍兴三十年（1160）规定了东南各州军上供地点：

> 癸卯，户部奏科拨诸路上供米斛：鄂州大军岁用米四十五万余石，系于全、永、郴、邵、道、衡、潭、鄂、鼎科拨；荆南府大军岁用约米九万六千石，系于德安、荆南府、澧、纯、复、潭州、荆门、汉阳军科拨；池州大军岁用米十四万四千石，系于吉、信州、南安军科拨；建康府大军岁用米五十五万余石，系于吉、抚、饶州、建昌军科拨；镇江府大军岁用米六十万石，系于洪、江、池、宣、太平州、临江、兴国、南康、广德军科拨；行在合用米一百一十二万石，就用两浙米外，系于建康府、太平、宣州科拨；其宣州见屯殿前司牧马一岁约用米，并折纳马料共三

---

① 《宋史》卷一七五《食货上三》，第 4260 页。

万石，系于本州科拨；并令逐路转运司收桩起发。时内外诸军岁费米三百万斛，而四川不与焉。①

就荆湖来说，输送物资于鄂州的荆湖南路诸州军皆是独自负担运输粮食物资的。因此形成荆湖南路直达鄂州的漕运路线，同理，荆湖北路诸州军送达江陵府也是如此，由各州军顺流进入大江，后依大江抵达江陵府。江西路分州军多顺赣水而下，分别送达池州、建康、镇江。1160年，江西州军又开始输送鄂州和江陵府。

绍兴三十年（1160）户部言大军岁用马料，今江浙诸路和籴米多，乞令逐路转运司以上供米增折马料，旧米一斛折纳料二斛，至是令两浙路增二十万斛，江东、西各增十六万斛，内平江、镇江、建康府、鄂州各十万斛，荆南府六万，宣、池州各二万。从之。②

江南东路诸州军均输送物资于镇江府，大江成为重要物资转输通道。浙西路分沿江南运河分布的州军皆通过运河运输粮食物资于临安，浙东运河也在运输上供于临安发挥作用。沿钱塘江分布的州军也通过钱塘江运输物资到达临安。这样，就南宋来看，形成了若干条物资转输路线。

（三）两宋东南地区漕运直达法的比较

现在我们可以就两宋东南地区漕运直达法相关问题进行比较，可

---

① （宋）李心传：《建炎以来系年要录》卷一八四，上海古籍出版社1992年版，第3册，第615页。
② （宋）李心传：《建炎以来系年要录》卷五九，第1册，第648页。

以从运路、配送地、运输主体、因配送地形成的区域等方面展开。

1. 运路

北宋初期，太祖统一南方，将天下之精兵集中于京师，"艺祖养兵止二十二万余，诸道十余万。使京师之兵民以制诸道，而无外乱……"① 又派人联接起江南到京师的运河，这为将东南的物资送京提供了运输便利。东南地区的漕运运路基本是东南各州军通过所在路分内的主要水系进入大江，然后通过扬楚运河和汴河运输至京师。"天圣中，发运使方仲荀奏请度真、楚州堰为水闸，自是东南金帛、茶布之类直至京师……"② "'……欲将六路上供斛斗，并依东南杂运直至京师或南京府界卸纳，庶免侵盗乞贷之弊。' 自是六路郡县各认岁额，虽湖南、北至远处，亦直抵京师，号直达纲，丰不加籴，歉不代发。"③ 这些运路分别是荆湖南路州军从湘水进入大江而来，荆湖北路从汉水和大江而来，江南西路和福建路州军从赣水而来，两浙路通过钱塘江和江南运河而来，这些物资进入扬楚运河，抵达京师及其附近。这样的运路非常依赖真州到京师的运河，一旦运河出现问题，整个东南漕运就会受较大的影响。因此政府不遗余力开挖整治之。如：

（庆历）七年（1047）九月二十九日，发运使柳灏言：淮南……运河久失开淘，颇成堙塞，往来纲运，常苦浅涩。今岁夏中，真、扬两界旋放陂水，仍作坝子，仅能行运。久积泥淤，底

---

① （宋）杨仲良著，李之亮校点：《皇宋通鉴长编纪事本末》卷六六，元丰八年三月条，黑龙江人民出版社2006年版，第1176页。
② 《宋史》卷一七五《食货上三》，第4258页。
③ 同上。

平岸浅，贮水不多，易为满溢。连有雨泽，即泛斗门，堤防不支，或害苦稼……凡所供国赡军者，尽由此河搬运，若或仍旧不加濬治，将见多滞纲运，委逐处官吏预计合用工料，开去浅殿，须得深至五尺……仍乞今后每二年一次，准此开淘。从之。①

只是直达法在北宋中期兴起，并且一度只是运输粮食之外的一些贵重物品，粮食等大宗物资还是通过设置于扬楚运河岸边的转般仓来转运。北宋时代的直达法依旧不占主要位置，并且和转般法相间出现。

南宋时，经历了建国初期的混乱之后，南宋于1160年规定了诸路的上供额度②。之后荆湖南、北路纲运不再运送京师，因此也就不必再经过扬楚运河，只需送达鄂州和江陵即可。这样看来，两湖直达纲路程大大缩短。两浙路分的物资大多输送临安和镇江总领所，福建运路基本不变，只是配送地变为平江府或者临安。镇江总领所的物资专供淮上大军使用，汪圣铎先生认为，东南物资进入镇江和建康后，进入设置于该地的转般仓贮存，然后陆续发送到淮上各驻军地点，南宋的防江防淮策略变更后，淮上各主要城镇陆续驻扎有南宋的大军，详可参考日本学者長井千秋的《淮東総領所の財政運営》考证的是淮东总领所的粮食物资消耗，但也将淮东总领所负责供应的淮上城镇予以明示③。虽然运路大大变化，但无一例外的是，运路都变短了。从方向上来看，北宋时，从西向东，然后在真州转向西北。南宋时期荆湖北路大部分州军转向西南抵达江陵，荆湖南路大部分州军粮食物资

---

① 《宋会要辑稿》食货四二之一八，第5570页。
② （宋）李心传：《建炎以来系年要录》卷一八四，上海古籍出版社1992年版，第3册，第615页。
③ ［日］長井千秋：《淮東総領所の財政運営》，《史學雜誌》第101编7号，1992年。

一直向北送达鄂州。江南东西路和北宋时期方向差不多一致,但是它的州军只是送达大江沿岸指定地点就不再前进。如江西州军,从赣水运出之后,并不如北宋时期皆送真州下卸。它的一部分州军送达沿江的太平州、池州,另一部分州军送达镇江、建康,还有若干州军进入江南运河,送达临安。两浙地区,浙东路分物资运输路线依然如北宋那样,只是分成了三条以上,浙东如绍兴府和庆元府通过浙东运河转输,钱塘江流域沿江州军,江南河沿岸州军皆沿江南运河输送。北宋时东南的漕运路线整体转向西北方向,南宋时浙西州军部分维持了西北方向之外,还转向了正南方的临安。这样,相比北宋,其漕运路线显然是非常分散的①。

2. 配送地

北宋时期,东南地区的配送地是京师及其附近地区,"……自后多除两制,□统六路。年额上供米六百二十万石,内四百八十五万石赴阙,一百三十五万石南京畿送纳。淮南一百五十万石,一百二十五万石赴阙,二十万石咸平、尉氏,五万石太康。江南东路九十九万一千一百石,七十四万五千一百石赴阙,二十四万五千石赴拱州。江南西路一百二十万八千九百石,一百万八千九百石赴阙,二十万石赴南京。湖南六十五万石尽赴阙。湖北三十五万石赴阙。两浙一百五十五万石,八十四万五千石赴阙,四十万三千三百五十二石陈留,二十五万一千六百四十八石雍丘"②。除了京师,诸如咸平、太康、尉氏、南京、陈留等皆在京师附近。故配送地之间的略微距离并不影响北宋东南漕运的整体运路。南宋前期,南宋大军驻扎地点为建康、镇江、池州、江州、鄂州、江陵府。后南宋设立四大总领所,仅在东南地区就

---

① 汪圣铎:《两宋财政史》,中华书局1995年版,第567页。
② (宋)张邦基:《墨庄漫录》卷四《发运使建官及职事》,第117—118页。

设立了三个，最初，设立总领所的出发点学界多认为是为收兵权，为将掌握在南宋诸将手中的家军变为御前诸军①。三大总领所为南宋东南的大军提供给养。因此，南宋东南地区的配送地就是以上五个地点，这样看来，南宋东南地区直达法的配送地由一个变为多个。配送地就是有上供义务的州军将粮食物资直接送达的地方。南宋配送地和总领所驻地有联系却又有区别，一般说来，总领所驻地一般都是配送地，但是配送地未必都是总领所驻地，如江陵府是南宋的配送地之一，但却不是总领所驻地。南宋前期，一般大军驻地直接对应配送地，南宋太平州也驻扎有大军，虽然不是南宋建康总领所驻地，却是配送地之一，只是这个配送地是归建康总领管辖的。到了南宋中后期，防江防淮之争后，南宋大军都驻扎于淮上和京西南，南宋的配送地又有所变化，出现了政府要求地方将粮食物资直接送达前线之事例②。如果论最终配送地，南宋中后期四总领所驻地并不是最终目的地，应可视为具有中转功能之地，如湖广总领所将物资最终送达襄樊、鄂州等地。淮上各个大军驻地等。因此，汪圣铎先生认为镇江、建康等总领所驻地应可视为具有转般职能的地方。

3. 运输主体

北宋中期，直达法开始实施，由于发运司权重，漕船大部分被发运司控制，发运司让漕船出江，"后发运使权益重，六路上供米团纲发船，不复委本路，独专其任"③。发运司利用手中权力，将地方诸路的漕船掌握在自己手中使用，地方转运司也不再重视漕船的置备，逐渐习惯了发运司置办漕船，对发运司协助上供也逐渐接受。因此，北

---

① ［日］寺地尊：《南宋初期政治史》，稻禾出版社1995年版。
② 《宋会要辑稿》食货四四之二一，第5593页。
③ 《宋史》卷一七五《漕运》，第4252页。

宋的直达法下，运输主体是发运司；南宋时，总领所只负责催督和对地方上供的考核，对于漕船置办和上供之运输，却成为地方的责任。（绍兴五年）十一月二十五日，权户部侍郎张志远等言："诸州县起发行在斛纲运，和雇舟船装载，依所降指挥，将合支雇船水脚钱以十分为率，先支七分付船户掌管，若有欠折，并令船户管认，余三分桩留在元装州县，准备籴填纳讫，不碍分厘，批发前去。"①和北宋时比，运输主体发生变化，北宋时期，直达法运输物资由发运司置办船只，指挥运输，而南宋时，漕船完全靠地方自备。同样是直达法，运输主体却在两宋发生了变化。

4. 因运路和配送地形成的区域

北宋时期，除了部分州军，如荆湖北路的辰、靖、沅三州等地，不划入来源地序列外②，东南地区实施物资转输的州军大多负有上供义务。南宋时期，运路被分成若干条，仅江西路分内就有不止一条路线，分别是送达镇江、建康、池州三条路线，13世纪后又产生了送达荆湖的第四条路线③。北宋时期，我们可将实施漕运的东南各州军依据漕运河流的共性划分为若干大区域，河流的选择在于南宋时期，又可根据配送地和漕运河流的共性划分为不同的大区域：输送江陵州军有德安、荆南府、澧、纯、复、潭州、荆门、汉阳军等，输送鄂州有全、永、郴、邵、道、衡、潭、鄂、鼎等州。潭州还是两地都有输

---

① 《宋会要辑稿》食货四三之二一，第5583页。

② （宋）赵升撰，王瑞来点校：《朝野类要》卷一《羁縻》，中华书局2007年版，第35页。

③ 南宋江西转输荆湖自13世纪开始，临江军、抚州、南安军具有转输荆湖的责任和义务。（详见吴潜《许国公奏议》卷二《奏以造熟铁斛斗发下诸郡纳苗使用宽恤人户事》，商务印书馆1939年丛书集成本，第31页；黄榦：《勉斋集》卷二九《申临江军乞申朝省除豁纲欠》，第1168册，文渊阁《四库全书》，第326页；黄震：《黄氏日钞》卷七五《申湖广总所暂借桩拨义米状》，第708册，文渊阁《四库全书》，第765页。）

送义务的州。输送池州的州军是吉、信州、南安军。运达建康府州军是吉、抚、饶州、建昌军。镇江府大军的上供义务州军有洪、江、池、宣、太平州、临江、兴国、南康、广德军等①。输送临安的是建康府、太平、宣州，浙西的镇江府、常州、江阴军、湖、秀、苏六府州军②。还有江西的临江军均是输送三大总领的州军③。这些州军都可以认为是因两宋直达法的不同而造成的不同物资转输区域。我们发现南宋的配送地形成的区域和其他区域存在共有区域，如潭州为两大区域之共有区域，而浙西的常州、平江府、镇江府、太平州和宣州成了输送临安的大区域和输送镇江的大区域的共有州军。这种共有区域的出现显然和南宋的物资转输体制有直接的关系，南宋设置四个总领所来实施物资转输，每个总领所管辖一部分区域，每个总领所都对中央负责，它们之间则是平等关系，相互之间并无义务和责任，故而，经常出现总领所争夺物资来源地的情形："淮东之专人朝来，而淮西之专人夕至，湖广之专人又已踵门矣，县庭之下，三总所之吏舍也。"④

三 结语

经过两宋直达法比较，我们可以知道虽然同是直达法，在两宋区

---

① （宋）李心传：《建炎以来系年要录》卷一八四，上海古籍出版社 1992 年版，第 3 册，第 615 页。
② 《宋会要辑稿》食货四四之一，第 5588 页。
③ （宋）彭龟年：《止堂集》卷一二《代临江军乞减上供留补支用书》，四库本，第 875 页。除此以外，临江军还是转输荆湖的州军。黄榦的《勉斋集》中记载临江军自 13 世纪起转输荆湖事例（详见黄榦：《勉斋集》卷二九《申临江军乞申朝省除豁纲欠》，第 1168 册，文渊阁《四库全书》，第 326 页）。
④ 黄榦：《勉斋集》卷二九《申临江军乞申朝省除豁纲欠》，第 1168 册，文渊阁《四库全书》，第 326 页。

别却是很大，运路完全不同，配送地完全是两样，运输主体不同，配送地形成的区域不同。

这是中央需要关注的问题，与地方并无直接的关系，东南地区各府州军承担的只是将物资转输至京师或者贮存地这样的责任和义务。到了南宋，情形为之一变，东南地区各府州军不再以京师为唯一输入地，它们将物资直接输送至总领所或者大军驻扎地，甚至一度将物资输送至前线，在北宋时期，这本是中央的职能和责任，但是在南宋，地方已经代行了中央这一职能，或者可以说中央将这一部分职能下放给地方，让其放手去实施。这已经将地方运输能力发挥到了极致。可见，两宋之间的这种变化，因为外来军事压力的增加，南宋为扩大自己的抵抗力量，动员了东南地区内更多的元素来与之抗衡。南宋较之北宋，国土面积仅为其三分之二，何况，蒙元给宋带来的军事压力非辽金所能言。并且，南宋之首都偏于东南一隅，再实行北宋时代的物资转输方式，显然已不合实际需要①。东南地区各地在南宋时并非各不相连，通过物资转输，各个大区联系起来。这种联系也强化了东南地区各个大区之间在抵抗北方政权时的协作和配合②，大大增强了南宋对抗北方的整体实力。我们或者可以这样说，南宋之所以能抵抗蒙元进攻将近半个世纪③，和东南六路各个大区之间直达法有着不可分

---

① 袁一堂认为这也是发运使被罢的主要原因。详见袁一堂《南宋的供漕体制与总领所制度》，《中州学刊》1995年第4期。

② 余蔚认为南宋时期可因制置司和总领所的设置将南宋的地理划分为五大部分，除了三总领管辖范围之外，闽浙为第四大区域，就军事政治来看，这样划分是有道理的，不过就物资转输来看，荆湖和江西以及两浙、江东显然也有密不可分的联系。详见余蔚《两宋政治地理格局比较研究》，《中国社会科学》2006年第6期。

③ 自1206年成吉思汗建立大蒙古国，作为一个新兴的政权，先后消灭实力较强的国家有西辽、花剌子模、西夏、金，灭西辽不超过二年，灭花剌子模花了六年，灭金花了二十三年，从初次进攻西夏到灭之花了二十二年。相比较而言，只有南宋消耗了蒙元将近五十年的时间是最长的。

割的关联。

　　隋代开大运河运输江南粮食于京，但运路较不稳定，仅开封附近就存在淮汴线、淮泗线、淮颍线三条运路，说它是直达法还是有些勉强①。唐代裴耀卿和刘晏在总结前人的基础上发展了以转般之法来运输粮食物资，并在扬州、河阴、渭口设仓转般。北宋继承了唐代的做法，转般法运输粮食数量达到了最高峰。北宋后期，直达法又登上历史舞台，只是未能形成统治地位，真正大规模实施直达是在南宋。南宋之后元明清三朝，南北统一，北京成为都城，长江中下游是朝廷漕运的重要地区，多实施的是直达法，元代海运发达，河运反而不如海运。到了明代，先后实施支运法、兑运法和长运法，其实这都是直达法。纳粮百姓只需将粮食送至指定地点，然后由漕军运输至北方。清代沿袭明代之法，继续往北方运输粮食。就实际情形来看，南宋到元明清的直达法出现了一个运路日渐集中的趋势，入元后南北统一、政治隔阂消失，直达法下运路趋于单一。元明清三代继续使用南宋以来的直达法运输粮食，并一再改进之，以致区域和区域之间的共有区域消失，最终形成区域直达京师的物资转输模式，各个基本行政单元都可以和京师形成较为稳定的直达法物资转输。南宋直达法的大规模实施开启了宋之后物资转输方式的新变化，元明清各个输出粮食物资的地区因运路、配送地大体一致，又可以和京师连接起来，形成新的区域与点之间的转输，可认为是由南宋时期稳定成型的直达法演进而来②。

---

①　陈峰认为直达法最早产生于宋仁宗天圣时。陈峰：《北宋东南漕运制度的演变及其影响》，《河北学刊》1991 年第 2 期。

②　汪圣铎认为南宋运输粮食是在北宋基础上转般法的变通运用。但是笔者认为在南宋淮防战略实施之后，以淮南为例，淮南各个重要州军都驻有南宋大军，江南和两浙的粮食运输到建康和镇江总领所后，总领负责装船再运输到淮上各个州军，这样的转般目的地实在太多，也太烦琐。因此，是否可视为转般法，笔者保留意见。详见汪圣铎《两宋财政史》，第 572 页。

应该说元明清三代运输江南粮食进京的直达法来源于南宋的直达法，隋代直达法尚未成型，北宋时则又不如这个时期的转般法那样规模宏大。且实行时期较短，在北宋的物资转输上影响不如转般法，到了南宋，实施地方州军直达配送地的办法，由于南宋以军事为重，且国土日蹙，为国计，故运路被分成若干条，且多不运往都城。元明清全国统一，阻碍南北漕运的政治隔阂消失，江南的漕船进北京已经成为常态。就具体形态、运输主体、运路等来看，也可以说元明清的漕运法是从南宋的直达法演进而来。

第四节　特殊时期的淮南漕运

我们所述的特殊时期，指的是战争时期，就是1127年靖康之难到1162年宋金再次和议以及嘉定兵兴。之所以将这些部分单独列为一节，是因为它的特殊性。在这一特殊条件下，淮南的漕运与和平时期很不一样。在这一时期，漕运的外部环境发生了重大改变，首先，金军南犯造成和平环境已经不复存在，淮南遭受的军事压力很大，漕运和过去大有不同，虽然遭受很大的影响，但是依旧有其存在的形式。其次，当时淮南之漕运依旧对处在风雨飘摇状态下的南宋政权给予了财政支持。这从上供钱数字上得到充分的验证。前人研究宋代的漕运，或者在研究宋代淮南地区的经济史时，均有相应的阐述，不过，这并非前人研究的主要方向，笔者试就此问题发表管见。

南宋初期，由于开封城已经在金军控制之下，加之高宗驻跸地不定，故朝廷下诏：

高宗建炎元年，诏诸路纲米以三分之一输送行在，余输京师。二年，诏二广、湖南北、江东西纲运输送平江府，京畿、淮南、京东西、河北、陕西及三纲输送行在。又诏二广、湖南北纲运如过两浙，许输送平江府；福建纲运过江东、西，亦许输送江宁府。三年，又诏诸路纲运见钱并粮输送建康府户部，其金银、绢帛并输送行在。绍兴初，因地之宜，以两浙之粟供行在，以江东之粟饷淮东，以江西之粟饷淮西，荆湖之粟饷鄂、岳、荆南。量所用之数，责漕臣将输，而归其余于行在，钱帛亦然。①

金军南下，淮南地区遭到严重破坏，原先运河四州转般仓被烧被毁，"绍兴元年（1131）六月二十四日，户部言：诸路岁起粮斛，旧制：江、湖转般，两浙直达上京。比缘军兴，淮南转般仓敖烧毁殆尽，其江、湖粮纲自合权宜直达赴行在"②。高宗小朝廷定都杭州前行踪不定，时在淮甸，时在两浙，甚至一度在海上。对于淮南和各地运来的纲运，官方只好就实际情况来进行办理。"至是知濠州徽猷阁待制连南夫言：'笺刷到军资库绸绢二千匹有奇，欲输行在。'"③ 又由于"行在左藏库湫隘，目今纲运，令户部于江宁平江府置库桩管"④。王德军撤兵真州时，放火把真州烧毁，真州失去了转般作用。"（绍兴）二十三年（1153）六月五日……申明将……淮南路诸州军今后起发米斛纲运至下卸处。"⑤ 由于受战争影响，淮南各州因此蠲免较

---

① 《宋史》卷一七五《食货上三》，第 4260 页。
② 《宋会要辑稿》食货四三之一七，第 5581 页。
③ （宋）李心传：《建炎以来系年要录》卷一，建炎元年十月甲辰条，上海古籍出版社 1992 年版，第 1 册，第 191 页。
④ （宋）李心传：《建炎以来系年要录》卷一七，建炎二年八月甲寅条，上海古籍出版社 1992 年版，第 1 册，第 268 页。
⑤ 《宋会要辑稿》食货四八之三，第 5624 页。

多，过去基本呈定期实行的淮南漕运经受比较大的打击，出现有则发，无则免的状态。"绍兴十二年（1142）五月九日，户部言：舒州经残破两县人户，予免税租二年。其余诸县经惊扰逃避人户，予免一年。从之。"①南宋初期，由于漕运格局之转换不够及时，淮南的漕运出现了混乱，不少南部州军不知将物资输送至何地，流亡的高宗小朝廷下诏给各地教他们如何处理纲运。高宗定都临安，南宋政局开始趋于稳定。南宋稳定了江南的统治后，先在淮南驻兵，如刘光世大部分军队驻扎于庐州，韩世忠早先也驻兵楚州。这些地方由于大量屯驻军队，粮食物资开销很大，只靠屯田显然无法满足。南宋总领所设立后，将兵权从各将领手中集中到朝廷掌控之下。总领所的设立，最基本的目的在于供应大军粮食物资开销。开始通过在镇江和建康设立的转般仓往淮上转送粮食物资，漕运职能凸显，能够发送淮上大军物资。如史载商总领到任，发送淮上大军物资数年之内增加将近十倍②。这样来看，淮上大军物资的发送逐步走上正轨，趋于常态。在这一时期，出现了两种不同方向的漕运模式：从淮南作为上供税赋输送至总领所和指定位置。还有就是总领所通过漕运发送淮上所需物资。漕运运输的物资基本都是供应军需。1160年之后，南宋朝廷免除了淮南粮食的上供，不过我们前文已述淮南的上供还是存在的，只是以钱的形式为主。这一时期，淮南驻军粮食来源仅仅限于淮南本身是不够的，因此，"绍兴初……以江东之粟饷淮东，以江西之粟饷淮西……量所用之数，责漕臣将输，而归其余于行在，钱帛亦然"③。尽管

---

① 《宋会要辑稿》食货六三之八，第5990页。
② （宋）马光祖修，周应合撰：《景定建康志》卷二三《城阙志四》，宋元珍稀地方志丛刊本，四川大学出版社2007年版，第1079页。
③ 《宋史》卷一七五《食货上三》，第4260页。

1160年朝廷下诏取消淮南的粮食上供，但是淮南生产的粮食并不只是留在淮南使用，如淮南的粮食还曾远销荆湖。乾道九年（1173）"闰正月七日，李安国言：'本所见今就鄂州置场收籴，下等大禾米每硕二贯七百省，系淮南并复州等处米；中等占米每硕二贯六百省，系鼎、澧州米；下等占米每硕二贯三百省，系淮南米。'"①

宋金和议后，淮南成为两国交界地区，本区聚集了大批的军队，南宋政府在淮南附近设置了总领所，这是一个为制置司或者安抚司供馈军需的准行政组织。②后又分成淮东总领所和淮西总领所。淮南地区是淮南总领所筹集粮食物资的来源地区之一。淮南的物资通过漕运运输至总领所贮藏，这或可视作地方上供中央，虽然总领所是中央在淮南、江南一带的代理机构，具有部分地方机构的职能，不过我们依然可以将其视作中央机构的一部分。淮南的上供现钱、会子之属均可通过漕运输至总领所指定位置贮藏，作为淮南军费的来源。如淮南的钱之上纳在最高峰时占整个南宋全国年上供额的五分之一③，政府是非常重视的。又有"乾道八年（1172）三月十三日，提举淮南东路常平茶盐等事、措置两淮官田徐子寅言：'检照乾道七年十一月四日指挥，措置行使铁钱画一内一项：两淮诸州军依准近降指挥，应起发上供等钱，并以七分见钱、三分会子解发。今来沿淮州军见使铁钱并会子则难以发纳。今欲将沿淮州军合发纳钱，许令解发会子，所有自余近里州军，且令依所降指挥分数解纳见钱、会子，候将来普用铁钱日，别行条具申请。诏极边州军并用交、会，近里州军以钱、会中半

---

① 《宋会要辑稿》卷四之五四，第5535页。

② 余蔚认为总领所已经具备了地方行政组织的部分职能。详见余蔚《两宋政治地理格局比较研究》，《中国社会科学》2006年第6期。

③ 汪圣铎：《两宋财政史》，中华书局1995年版，第877页。

起发。'"① 和 1160 年之前相比，淮南上供物资的种类发生了变化，粮食被上供钱所代替。淮南的运河在宋金战争中被破坏后，为保证与前线的联系，宋人对淮南运河进行了深挖和清淤，楚扬运河的工程以疏浚浅涩、恢复被破坏的工程设施为主②。嘉定北伐时期，淮南的军粮多以漕运的形式输送至前线，"嘉定兵兴，扬、楚间转输不绝，濠、庐、安丰舟楫之通亦便矣，而浮光之屯，仰馈于齐安、舒、蕲之民；远者千里，近者亦数百里"③。与和平时相较，转输淮南前线的物资数量大大增加。粮食成为主要物资。

小　结

本章简要考察了淮南的物资转输路线和转输物资种类、物资转输地理格局、物资转输交通体系、漕运的相关问题、直达法以及特殊时期的漕运，得出如下认识。

（1）对淮南地区物资转输的路线和转输物资的种类进行了梳理。淮南地区的物资转输路线在北宋时存在三种类型，分别是运河区通过汴河至京师、寿州等通过闵水和蔡河至京师、部分小型河流的输送类型。南宋时期分别是沿江各州军通过大江向中央运输、各大盐产区运输到淮南运河区域政府指定的盐仓、运河区域和淮河经运河区域至总领所或者指定之下卸处等三种类型。北宋时转输的物资是粮食、茶、盐、矾，南宋时则变成盐、钱、粮食。

（2）从行政区划的角度对物资转输展开的研究。北宋时，依据物

---

① 《宋会要辑稿》食货六四之五八，第 6129 页。
② 高荣盛：《宋代江苏境内漕运工程考述》，《江苏社会科学》1997 年第 2 期。
③ 《宋史》卷一七五《食货上三》，第 4261 页。

资转输中地位的不同，淮南地区在物资转输上可分成江河型区域、内陆型区域、运河型区域三个部分，其中，前两者以运河型区域为枢纽向中央转输；南宋时，三大类型区域依旧存在，变成了运河型区域、江河型区域、内陆型区域分别向中央进行物资转输。本区又存在物资转输交通体系的变化：北宋时淮南的物资从各县输送至各个隶属州军，再从州军输送至运河区，然后集中运抵京师；南宋时淮南的物资从各个县输送至所隶属州军，再从州军直接输送至京。以上导致物资转输地理格局与物资转输体系变化的原因是战争、漕运格局的变化、区位的变化等。

（3）转般仓的设置原因有气候引起之地理因素、集中调节等。转般仓的功能有代发、和籴、转般。直达法的相互比较也是本节研究内容。

（4）南宋初的30多年，嘉定兵兴我们将之视作特殊时期，特殊时期的漕运物资种类和平时是不同的，对军粮输送于淮南前线都有比较重要的作用。

第二章　宋代淮南地区水利工程分布格局

北宋统一全国，四方承平，淮南的开发逐步加快，伴随着这一过程的是水利事业的发展。北宋建立后，本区粮食稳产、增产，水路运输地位得到提升，又对水利工程的发展提出了新要求，反过来又促进了水利事业的发展。此时本区的水利兴修以官方主持、组织为主。南宋时期，不仅为上供中央之物资而修筑水利，还在部分时段内修筑了为军事服务的战备水利。

从自然地形上来看，宋代淮南地区的主体位于淮水和大江之间，其东部是苏中平原的一部分，濒临大海，地势低平，河流湖泊较多，且经常受海潮侵袭，横向与纵向的河流交叉分布在这块平原上；淮南地区的西部，是基本呈南北走向的大别山山脉，从其东侧延伸下来的丘陵横贯于皖中地区。总体上来看，淮南地区西部以低山和丘陵地形为主，河流主要分布于淮南的西北部和南部沿江地区。同时在沿淮和沿江地区有少量平原分布，但相比淮南地区东部，平原面积要少得多。

从水系上来看淮南地区境内的淮水支流，从西到东主要有柴水、黄水、灌水、决水、淠水等。这些河流多为淮水上游支流，且多不属于大型河流。淮水干流发源于桐柏山，全长约 1000 千米，在上游依次接纳了柴水、黄水、灌水、决水、淠水后，水量大增，并继续东流，向东偏北方向流入大海。这是淮南地区北部规模最大的河流，南宋时受黄河夺淮的影响，淮河中游河道泥沙增多，并且有河床增高的趋势，加之泥沙沉积，部分支流河道变窄，这就使得淮河水流湍急，遇到雨季更加重了这一状况。

大江位于本区南部，通过其将本区与其他区域划分开来，和中上游相比，下游江面相对较宽，水流也较缓，其在本区的支流不多，从西到东，分别是歧亭河、浠水、蕲水、皖水、枞阳水、濡须水、横江

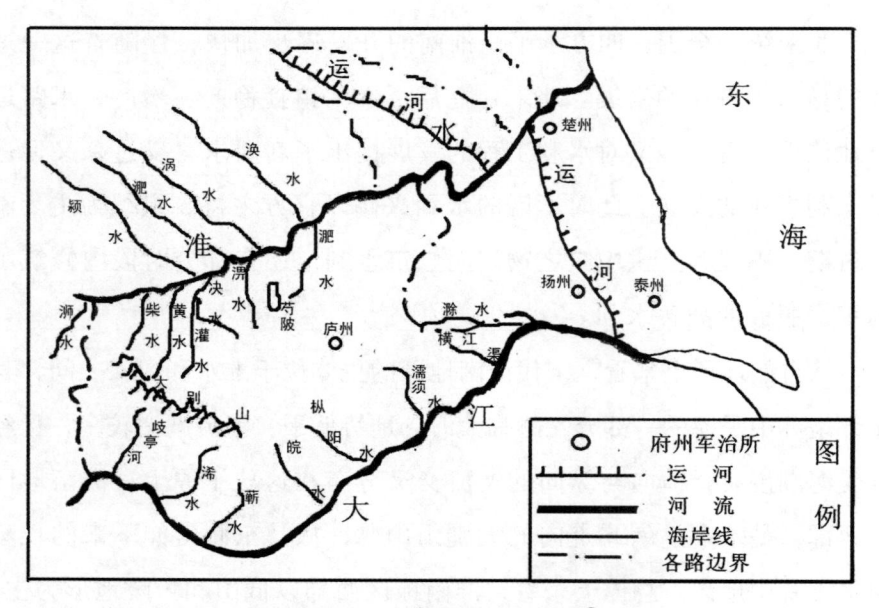

图 2—1　宋代淮南地区水系①

注：本图还包括了淮北的部分地区，大别山以西的部分地区也在图上。

---

① 此图在行政区划上以北宋为主，南宋时淮河以北地区没于金，仅剩淮水以南部分，淮水以南部分在行政区划上与北宋相比变动不大。

渠、滁水等，均属于小型支流。从分布上看，并不集中于某一特定区域，而是各州均有一至二条支流汇入大江。和淮水在淮南地区的支流分布不同，大江的淮南支流则比较分散，大致呈均匀分布。

扬楚运河是本区规模较大的人工河道，它南起真州、北至楚州。其南北设闸，以备河水流失，并承担了南方物资北运的责任，同时沟通了淮水和大江，使得整个淮南地区的主要水系呈"工"字型分布。

我们可以依据淮南地区水系这样一个大框架对本地区的水利工程布局进行考察。漕运与水利工程的修筑具有直接的关系，淮南的水利工程修筑从某种意义上说也是漕运的一部分。

宋代淮南地区的物资转输是经济开发的一个重要着眼点，从一定意义上来说，淮南的水利工程兴修是物资转输实施并得以发展的基础，没有水利工程的兴修就无法解决物资转输过程中存在的相关问题，也就不能为物资转输的安全实施提供一个基础。客观上来说，物资转输与水利工程的兴修存在一定的联系。

第一节　宋代淮南地区水利设施概述

运河地区和淮南其他区域相比，水利设施分布比较密集，情况也较复杂，我们先分别以沿海水利、湖泊水利、运河水利等不同类型作为对象来进行概述。由于有些类型的水利设施数量较多，无法一一详细阐述，只能在每一部分选取一到两个具体水利设施作为代表来叙述，当然，部分湖泊水利和运河水利也是相互作用的。

北宋的运河地区包括泗（治今洪泽湖水下）、楚（治今江苏淮安）、扬（治今江苏扬州）、真（治今江苏仪征）、宿（治今安徽宿州）、亳（治今安徽亳州）等州。其中，楚州有较长的海岸线，这里地势低平，经常受海潮侵袭，对当地人民的生产、生活产生了很大的危害，故此处修筑大型水利工程多从防备海潮的破坏出发。

一 沿海水利

本区在北宋之前就曾经修筑过海塘，"……惟兹海陵，古有潮堰……"①，"李承……淮南西道黜陟使，大历初，海潮泛溢，民田斥卤，承请筑捍海堰，自盐城入海陵，绵亘二百余里，居民赖之"。②"（李承）寻为淮南西道黜陟使，奏于楚州置常丰堰以御海潮，屯田瘠卤，岁收十倍，至今受其利。"③ 后经过海水侵袭冲击，多坏。北宋中，范仲淹在此任职，向朝廷报告请求修筑海塘来防海潮。

范仲淹曾经说"天圣中，余掌泰州西溪之盐局，目秋潮之患，浸淫于海陵、兴化二邑间，五谷不能生，百姓馁而逋者三千余户。旧有大防，废而不治。余乃白制置发运使张侯纶，张侯表余知兴化县，以复阙防。会雨雪大至，潮汹汹惊人，而兵夫散走，旋泞而死者百余人。道路飞语，谓死者数千，而防不可复。朝廷遣中使按视，将有中罢之议。遽命公（胡令仪）为淮南转运使，以究其可否。公疾驰而至……乃抗章请必行前议。张侯亦请兼领海陵郡，朝廷从之。公与张侯共董其役，始成大防，亘一百五十里，潮不能害，而二邑逋民悉复其业。……今二十余载防果不坏，非公之同心，岂及于民哉？"④ 明清

---

① （宋）范仲淹著，薛正兴校点：《范仲淹全集》卷八《泰州张侯祠堂颂》，凤凰出版社2004年版，第149页。《长编》卷一百四说泰州境内捍海堰长一百八十里，这里和记载有出入，详见《长编》卷一四，第2419页。这里记载堰在唐代二百里长，估计不仅是泰州一地就可以容纳的。

② （清）梁园棣修，郑之侨、赵彦俞纂：《重修兴化县志》卷六，咸丰二年刻本。

③ 《旧唐书》卷一一五《李承传》，第3379页。

④ （宋）范仲淹著，薛正兴校点：《范仲淹全集》卷一二《宋故卫尉少卿分司西京胡公神道碑》，凤凰出版社2004年版，第261—262页。

方志也载张纶在原有基础上对泰州捍海堰进行修复和加固,"泰州有捍海堰,延袤百五十里,久废不治,岁患海涛冒民田。(张)纶方议修复,论者难之,以为涛患息而畜潦之患兴矣。纶曰:'涛之患十九,而潦之患十一,获多而亡少,岂不可邪?'表三请,愿身自临役。命兼权知泰州,卒成堰,复逋户二千六百,州民利之,为立生祠"①。从上述史料来看,捍海堰在泰州境内应该是从兴化修到海陵。又依"通、泰、海州皆滨海,旧日潮水皆至城下,土田斥卤,不可稼穑。范文正公监西溪仓,建白于朝,请筑捍海堤于三州之境,长数百里,以卫民田,朝廷从之"②。这样来看,捍海堰又延续三州,而不只是泰州一州境内。

从海塘修筑的主持人来看,基本还是以官方出面修筑为主,先是范仲淹任职于西溪,发现海潮侵袭严重,经呈朝廷得到许可后,政府出面修筑海塘。在张纶、胡令仪、范仲淹三人的努力下对唐代以来的捍海堰加以修葺,捍海堰继续发挥其作用。而以上三人都是作为官方代表来主持修筑工作的。这种情况出现的一个重要原因是苏中、苏北的海岸线较长,修筑一条横跨若干个州的海塘,除了资金的问题外,还有协调好各州之间的关系和利益也非一州一人所能做到。

二 湖泊水利

为了使运河得到充足的水量,不至于因为缺水而导致影响漕运,运河区域的湖泊发挥了相当大的作用。本区较大的湖泊有陈公塘、芍陂等,陈公塘相传是汉陈登所筑,该塘在北宋又经过修治,起到调节

---

① 《宋史》卷四二六《循吏传》,第12695页。

② (宋)范仲淹著,薛正兴校点:《范仲淹全集·附录二》《续补卷第六》,凤凰出版社2004年版,第1388页。

运河水量的作用。如：熙宁"九年（1076）正月壬午刘瑾言：'扬州江都县古盐河、高邮县陈公塘等湖……，可兴置，欲令逐路转运司选官覆按。'从之"①。陈公塘位于真州以东二十里，运河的西面，有河流连接运河与该塘，原本这个塘是用来灌溉的，但是到了宋代，其多为运河提供水源，枯水时以此塘水来灌注运河，维持漕运的进行。北宋时代，"大中祥符间，江、淮制置发运置司真州，岁藉此塘灌注长河，流通漕运"②。陈公塘周长百里，它的东、西、北三面都是山，只有南面和东面一部分依靠前人筑堤拦水，故而地势较低。宋金战争时，政府为避免资敌，将其拆毁，"淮郡诸水：绍兴初，以金兵蹂践淮南，犹未退师，四年，诏烧毁扬州湾头港口闸、泰州姜堰、通州白莆堰，其余诸堰，并令守臣开决焚毁，务要不通敌船；又诏宣抚司毁拆真、扬堰闸及真州陈公塘，无令走入运河，以资敌用"③。宋金和议后，淮南漕臣钱冲之建议修复该塘，作为干旱溉田的准备。南宋时代转运司修复该塘，建置斗门、石硋各一所。④ 修复之后，"凡诸场盐纲、粮食漕运、使命往还，舟舰皆仰之以通济，其利甚博"⑤。

三 运河水利

政府在淮河南岸泗州和楚州之间修筑了一条和淮河并行的运河。这条运河由三部分组成：沙河、洪泽河（新河）、龟山运河。在楚州，进京之舟如能从此直接进入淮河，则在运路开凿上节省相当多的人力、物力，但是北宋政府并没有因淮河之存在而节省此段人工，从楚

---

① 《宋史》卷九六《河渠六》，第2381页。
② 《宋史》卷九七《河渠七》，第2394页。
③ 同上书，第2393页。
④ 同上书，第2394页。
⑤ 同上。

州末口开始，开凿了一段与淮河并行的河渠。史载：侨维岳"规度开故沙河，自末口至淮阴磨盘口，凡四十里"。①（马）"仲甫，建议凿洪泽渠六十里，漕者便之。"②

熙宁四年（1071），发运副使皮公弼提议修洪泽河，到五年正月始成。史载："（熙宁五年正月丁酉，1072）公弼言，漕运涉淮有风波之险，乞开洪泽河六十里，稍避其害。诏委公弼提举，至是功毕，人以为便故也。"③又有蒋之奇为江淮荆浙发运副使，"请凿龟山左肘至洪泽为新河，以避淮险，自是无覆溺之患"④。为什么要开凿此段运河？淮河多风浪，不利漕船通行是一个重要因素。如："山阳湾，水势湍悍，运舟多罹覆溺。"⑤为规避船覆的风险，使舟不走淮河，并开凿一条运河成为必然。此运河的利弊，官方内部争论不一。"祐甫曰：'异时，淮中岁失百七十艘。若捐数年所损之费，足济此役。'帝曰：'损费尚小，如人命何。'"⑥至于龟山运河的开凿，元丰"六年正月戊辰，开龟山运河，二月乙未告成，长五十七里，阔十五丈，深一丈五尺。……至是，发运使罗拯复欲自洪泽而上，凿龟山里河以达于淮……"⑦发运使蒋之奇提出建议："上有清汴，下有洪泽，而风浪之险止百里淮，近岁溺公私之载不可计。凡诸道转输，涉湖行江，已数千里，而覆败于此百里间，良为可惜。宜自龟山蛇浦下属洪泽，凿

---

① 《宋史》卷三七《乔维岳传》，第 10118 页。
② 《宋史》卷三三一《马仲甫传》，第 10647 页。
③ （宋）李焘：《续资治通鉴长编》卷二二九，熙宁五年正月丁酉条，中华书局 1992 年版，第 5569 页。
④ 《宋史》卷三四三《蒋之奇传》，第 10916 页。
⑤ 《宋史》卷三七《乔维岳传》，第 10118 页。
⑥ 《宋史》卷九六《河渠六》，第 2382 页。
⑦ 同上。

左肋为复河，取淮为源，不置堰闸，可免风涛覆溺之患。"① 都水监丞陈祐甫也说："往年田棐任淮南提刑，尝言开河之利。其后淮阴至洪泽，竟开新河，独洪泽以上，未克兴役。今既不用闸蓄水，惟随淮面高下，开深河底，引淮通流，形势为便。但工费浩大。"神宗说："费虽大，利亦博矣。"② 于是政府调集十万人开凿运河，既成。此条运河与楚扬运河的不同之处有二：其一，在运河中间和头尾撤除闸堰；其二，为保证运河水的均衡，以淮水作为补给水源。

为什么不在此段运河附近设置平衡水量的水利设施？此段运河头尾没有闸堰，使运河水平面与淮水保持大体一致的高度，否则，行船

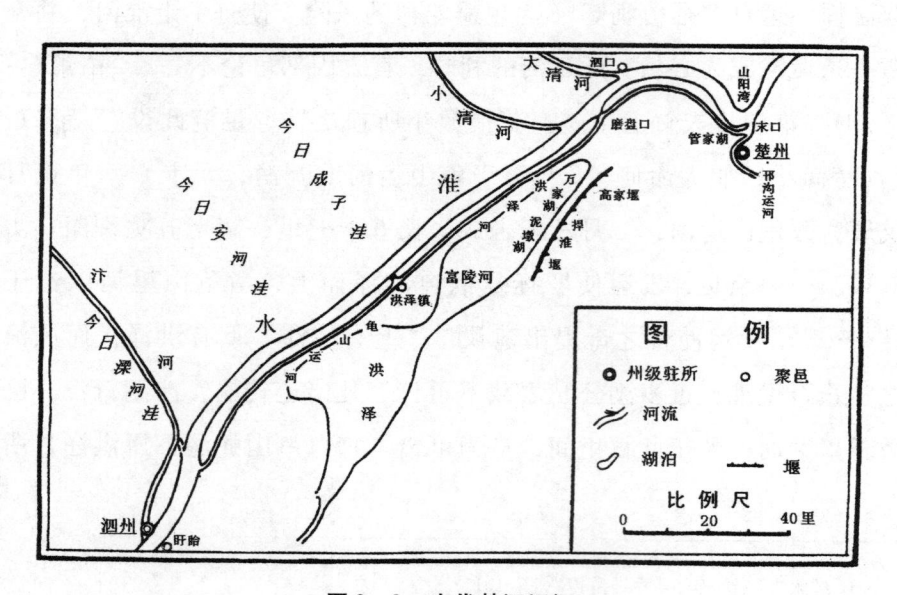

图 2—2 宋代楚泗运河

资料来源：韩昭庆：《黄淮关系及演变过程研究》，复旦大学出版社 1999 年版，第 238 页。

---

① 《宋史》卷九六《河渠六》，第 2382 页。
② 同上。

依然避免不了危险，淮水水量充足，完全可以为运河补充水源，这与扬楚运河的情况不同。

这些湖泊与陈公塘不同之处在于没有河流将其与运河直接衔接。政府在洪泽镇和磨盘口分别留有两处临时补充淮河水的水口。一旦水量不足，也可立即补水。

就其功能来看，北宋淮南地区的堰可分三种类型：第一种是横越在运河的用来贮水的堤堰，这类堰以运河三堰为代表；第二种是以高家堰、捍淮堰为代表，主要是防止大型河湖的水冲破岸堤，造成不必要的人口伤亡、财产损失，且具有防灾的功能；第三种是为灌溉民田贮水而设置的堰，如古塘堰、长安堰等，而这些堰一般不横越运河。

从修筑的时间上看，运河区的堰之修筑多集中于天圣和熙宁年间，这段时期是淮南地区最安定的时期，同时也是淮南地区上供中央粮食最多的时期，最高达到150万石。①

本区的堤堰坝闸修筑主要在运河及其附近，如运河三堰，这三堰的设置，最初目的是蓄水，防止运河之水泄漏影响漕运，但是并未起到相关作用，后废罢。高邮长堤是另一防风浪的水利设施，史载：李溥"江、淮岁运米输京师，旧止五百余万斛，至溥乃增至六百万，而诸路犹有余蓄。高邮军新开湖水散漫多风涛，溥令漕舟东下者还过泗州，因载石输湖中，积为长堤，自是舟行无患"②。张纶在淮南当政时，于高邮另修湖堤二百余里，史载：张纶为江淮发运使，"……又筑漕河堤二百里于高邮北，旁锢巨石为十磴。以泄横流"③。"绍熙五

---

① 关于这一点可参考梁方仲先生的《中国历代户口、田地、田赋统计》（上海人民出版社1980年版，第294页）。
② 《宋史》卷二九九《李溥传》，第9939页。
③ 《宋史》卷四二六《张纶传》，第12695页。

年（1194），淮东提举陈损之言：'高邮、楚州之间，陂湖渺漫，茭葑弥满，宜创立堤堰，以为潴泄，庶几水不至于泛溢，旱不至于乾涸。乞兴筑自扬州江都县至楚州淮阴县三百六十里，又自高邮、兴化至盐城县二百四十里，其堤岸傍开一新河，以通舟船。仍存旧堤以捍风浪，载柳十余万株，数年后堤岸亦牢，其木亦可备修补之用。兼扬州柴墟镇旧有堤闸，乃泰州泄水之处，其闸坏久，亦于此创立斗门。西引盱眙、天长以来众湖之水，起自扬州江都，经由高邮及楚州宝应、山阳，北至淮阴，西达于淮；又自高邮入兴化，东至盐城而极于海；又泰州海陵南至扬州泰兴而彻于江：共为石硊十三，斗门七。乞以绍熙堰为名，镵诸坚石。'"① 可知这些大堤多为漕运而设，其余才是为灌溉服务。

第二节　北宋淮南地区水利工程布局

前文对淮南地区的水利类型进行了概述，但是只做这样的概述显然还不能让读者对淮南的水利分布有一个更加明了的认识。如果要在更深层次对淮南的水利布局进行把握，则在将其一一列出基础之上进行综合分析是一个可行的办法。

表2—1　　　　　　北宋淮南运河区域主要水利工程一览

工程名称	修筑（重修）时间	大致位置	主要作用	史料来源
高邮新开湖长堤	景德三年	高邮县	漕运	《宋史》卷二九九《李溥传》
沙河	雍熙年间	楚州至淮阴	避险、漕运	《宋史》卷九六《河渠六》

---

① 《宋史》卷九七《河渠志》，第2395页。

续表

工程名称	修筑（重修）时间	大致位置	主要作用	史料来源
龙舟、新兴、茱萸三堰	天禧二年	楚扬运河上	漕运、蓄水	《宋史》卷九六《河渠六》
扬州古河	天禧二年	扬州	漕运	《宋史》卷九六《河渠六》
石砫堰	天禧四年	海州	溉民田	《宋会要辑稿》食货六一之九
古塘堰	天禧四年	濠州定远县	贮水溉民田	《宋会要辑稿》食货六一之九
真口堰	天圣二年	扬州江都县	溉民田	《读史方舆纪要》卷二三
楚州北神堰	天圣四年十月	楚州	漕运	《读史方舆纪要》卷二二
真州江口南堰	天圣四年十月	真州	漕运	《宋会要辑稿》食货八之四一
扬州召伯闸	天圣七年	扬州	漕运	《续资治通鉴长编》卷一六
芍陂	明道年间	寿州	灌溉、备水患	《宋史》卷九六《河渠六》
斗门十九	景祐二年	真、楚、泰州、高邮军	水利	《续资治通鉴长编》卷一一六
大石湖	元丰年间	扬州江都	溉民田	《嘉靖惟扬志》卷三三
龟山运河	元丰六年	楚州	漕运	《宋史》卷九六《河渠六》
天长三十六陂	熙宁二年	扬州	溉民田	《宋史》卷三四三
临涣横斜三沟	熙宁二年	宿州	溉民田	《宋史》卷三四三
洪泽河	熙宁四年	楚州洪泽镇	漕运	《宋史》卷一五
长安堰	熙宁五年	濠州钟离	灌溉	《宋会要辑稿》食货七之二六
楚堰	熙宁五年	濠州定远县	灌溉	《宋会要辑稿》食货七之二六
汉泉堰	熙宁五年	濠州定远县	灌溉	《宋会要辑稿》食货七之二六
江都古盐河	熙宁六年	江都	漕运	《宋史》卷九六《河渠六》
黄池河	熙宁六年	真州	漕运	《续资治通鉴长编》卷二四八
陈公塘	熙宁九年	高邮县	漕运	《文献通考》卷六
勾城塘	熙宁九年	高邮县	漕运	《嘉靖惟扬志》卷三二
泥港	熙宁九年	楚州宝应县	漕运	《宋史》卷九六《河渠六》
射马港	熙宁九年	楚州宝应县	漕运	《宋史》卷九六《河渠六》

续表

工程名称	修筑（重修）时间	大致位置	主要作用	史料来源
渡塘沟	熙宁九年	山阳县	漕运	《宋史》卷九六《河渠六》
龙兴浦	熙宁九年	山阳县	漕运	《宋史》卷九六《河渠六》
青州涧	熙宁九年	淮阴县	漕运	《宋史》卷九六《河渠六》
万安湖	熙宁九年	宿州虹县	漕运	《宋史》卷九六《河渠六》
小河子	熙宁九年	宿州虹县	漕运	《宋史》卷九六《河渠六》
沭水九堰	熙宁年间	楚州	取田	《读史方舆纪要》卷二二
石𡒄十三，斗门八，汤水河三十有五，涵管四十有五，增筑堤六	不详	高邮军	障风波，利农田	《万历扬州府志》卷之九
斗门十九	景祐二年	真、楚、泰州、高邮军	水利	《续资治通鉴长编》卷一一六
通涟河	元符元年	楚州涟水县	灌溉、规避风险	《宋史》卷九六《河渠六》
朝宗闸	宣和二年	楚州	漕运	《宋史》卷九六《河渠六》
靖安河	宣和六年	真州	漕运	《读史方舆纪要》卷二
横江渠	开宝年间	和州	漕运、军用	《宋史》卷九六《河渠六》
长风沙堤	天圣九年	舒州	不详	《续资治通鉴长编》卷一一
捍海堰	天圣九年	泰州	护卫农田和盐区	《通州志》卷二
吴塘堰等十七堰	明道元年	舒州	贮水，蓄水	《宋史》卷九六《河渠六》
姜堰	嘉祐元年	泰州	水利	《宋史》卷九七《河渠七》
捍水堤	元丰五年	舒州	防备水患	《宋史》卷九六《河渠六》
泄水斗门二	元丰五年	舒州	防备水患	《宋史》卷九六《河渠六》
瓜州澳闸	不详	扬州	漕运	《宋史》卷九六《河渠六》
白莆堰	不详	通州	漕运	《宋史》卷九七《河渠七》
白马塘	熙宁九年	天长县	灌溉	《重修扬州府志》卷之九
沛塘	熙宁九年	天长县	灌溉	《重修扬州府志》卷之九
界河	熙宁年十二月	高邮、天长	不详	《续资治通鉴长编》卷二四八
遇明河	崇宁二年十二月	南北走向横贯淮南地区	灌溉	《宋史》卷九六《河渠六》

综合表2—1与相关史料进行分析，可知：

沿运河分布州军（真州、扬州、楚州、泗州）境内的大型水利工程多横跨运河或者修筑于其附近，且多针对运河水量来设置，起到调节运河水流的作用。目的是协助漕运，解决北宋漕运过程中的各种问题。真正从有益运河区农业出发的并不多。如北宋官员在扬州古河开浚的时候就认为其能"岁省官费十数万"。① 而兴筑运河五堰时又使得"漕船无阻，公私大便"②。从真、扬到楚州，地势呈由低到高走向，为了使船只逆流而上这些设施起到了相应的作用。不过扬楚运河还不是航行最困难的河段，楚州与泗州间的楚泗运河（今天它已经被洪泽湖淹没于水下）是船只进京风险最大的河段，这里风大浪急。如：王嗣宗为淮南转运使，"初，漕运经泗州浮桥，舟多覆坏，嗣宗徙置城隅，遂获安济"③。政府在此处设置堤堰，减小风浪给船只带来的风险。同时为保证运河不致浅涩，政府依旧不定期开淘河道。如："熙宁七年（1074）六月癸酉，诏真、扬、楚州运河依两浙运河择尤浅涩处先开淘，令发运转运司借上供钱米雇夫。"④ 又有"熙宁七年（1074）十月壬申，淮南等路发运司言：'真、扬、楚州运河久不浚，乞赐钱粮下两司，候纲运稍空，募人兴工。'从之"⑤。可见这里由于水浅，对行船非常不利，就需要政府对其进行

---

① （清）顾祖禹著，贺次君、施和金点校：《读史方舆纪要》卷二三，中华书局1955年版，第1124页。
② 《宋史》卷九六《河渠六》，第2380页。
③ 《宋史》卷二八七《王嗣宗传》，第9648页。
④ （宋）李焘：《续资治通鉴长编》卷二五四，熙宁七年六月癸酉条，中华书局1992年版，第6207页。
⑤ （宋）李焘：《续资治通鉴长编》卷二五七，熙宁七年十月壬申条，中华书局1992年版，第6273页。

开淘。政府修筑沿淮地区主要水利工程的出发点是什么？据表2—1可以看到，淮南北部主要水利工程集中在濠州和楚州这两个地方，并且多以堰的修筑为主。政府在此置堰的主要出发点依然是为提高农业生产及为农业生产提供稳定、充足的水源。接下来对沿淮地区水利工程分布地进行分析：淮水支流多集中于淮水以北，如涡水、颍水、汝水，因此导致淮水流域在淮北的面积较淮南为大。从谭其骧《中国历史地图集》来看，北宋时期淮水上游南岸，集中了澌水、柴水、黄水、灌水、决水、淠水等河流，其中在淮南境内的，从西到东就有柴水、黄水、灌水、决水、淠水等河流。虽然水系众多，但是都位于淮水上游附近的大别山区，这里的自然环境决定了可适合作耕地的地方并不多。目前可见史料所载光州仙居县稻作种植稍普遍①。淮南地区西部多高山、多丘陵，适宜作田亩的地方较少，这直接导致淮水在经过这一地区时水利兴修弱化。楚州和濠州这两处地势显然不及前述地区高，而且低平地区较多。濠州境内有东濠水、西濠水、洛水等河流，该州位于一个东西狭长的平原上，其沿淮南岸多湖泊洼地，州的南部是丘陵台地，不易蓄水，易受旱灾。② 因此，修筑堤堰乃是减旱灌溉的重要手段。而在楚州，由于地势低洼，大小湖泊众多，如射阳湖、万家湖、泥墩湖、富陵河与洪泽等，这提供了充沛的水源，在这里筑堰是对水的充分利用、规范与存储，也能较大程度地减少水害的发生③。

在沿淮地区，为保证运河畅通，拥有足够的蓄水量，政府除不定

---

① 《宋会要辑稿》食货七之一三，第4912页。
② 王鑫义：《淮河流域经济开发史》，黄山书社2001年版，第2页。
③ 如王鑫义认为政府在濠州、楚州修筑水利设施后，本水系水灾明显减少。参见《淮河流域经济开发史》，第472页。

期对运河进行清淤工作外，还修筑一定数量的水利工程来长期保持水量。楚州境内楚扬运河北部闸堰，是防备运河水泄入淮水的工程。如："天圣四年（1026）十月，楚州北神堰并真州江口南堰各置造水闸。"① 同时，建筑长堤保持运河水量是一个必要的办法。如："高邮……漕河自真扬道江北趋楚，盱眙入淮，沿河而堤，延袤六百余里……在郡北二十里，尤为受水要害处……"② 运河上的闸除了蓄水外，还有利于行船，起到船闸的作用。

减少附近河流湖泊对运河影响。为了平衡运河水量，官方在运河两岸开挖湖塘和修筑堤坝，这些湖塘堤坝对运河水起着调节器的作用，可以减少运河上的种种风险。如高邮以北漕河屡次决口，经常阻碍漕运，范仲淹到任，筑堤二百里，将风险基本化除③。又如李溥，太宗时制置江淮等路兼发运使，"江、淮岁运米输京师旧止五百余万斛，至溥乃增至六百万，而诸路犹有余畜。高邮军新开湖水散漫多风涛，溥令漕舟东下者还过泗州，因载石输湖中，积为长堤，自是舟行无患"④。范镇也说："国朝言水利者，惟乾州刺史张纶有绩效之最，天禧末，为江、淮发运副使，筑高邮北漕河长堤二百里，旁锢石为距，分十硾以泄横流。"⑤ 同时还为附近农田提供灌溉水源。史载："自本军至盐城，盐河二百五十里，其右有堤，则以民田之在右者下于左数尺故也。堤所以障水，古人之计不惟通漕运，亦以溉民田尔。

---

① 《宋会要辑稿》食货八之四一，第4955页。
② （清）杨宜仑修，夏之蓉、沈之本纂：《高邮州志》卷一一《五龙王庙记》，道光二十五年刻本。
③ （宋）范仲淹著，李勇先、王蓉贵校点：《范仲淹全集》卷八《泰州张侯祠堂颂》，四川大学出版社2002年版，第173页。
④ 《宋史》卷二九九《李溥传》，第9939页。
⑤ （宋）范镇撰，汝沛点校：《东斋记事》卷三，《唐宋史料笔记丛刊》，中华书局1980年版，第25页。

堤介高下田之间，其或水漫不泄，则必奔冲坏堤，堤坏而田没矣。故为之函管，以水之大小为之启闭。主之以官吏，河之在高邮八十里，间为函管三十三。"① 运河之水除了为行船做准备外，其周边农田亦可从其取得水源，作为灌溉之用。如：大中祥符五年（1012）八月"庚戌，淮南路滁、和、扬、楚、泗五州旱，诏发运使减运河水以灌民田，仍宽其租限。州县不能存恤致民流者，罪之"②。又有湖泊也可取水溉田，如："始复大石湖，改名元丰，广袤数百步，溉田千有余顷。……凡水利之兴复者五十有五，溉田六千顷，而桑之以课种者亦八十五万株有奇。"③ 最后是兼备漕运与灌溉作用。部分工程同时具备这两种功能，在修筑之始就有此考虑，如："有山阳河溪，与河皆所以受湍猛之水，舍此不可为矣，古法三四尺通漕运之外，容民取以溉田，则兼公与私利之，此元祐间朝散毛公法也。"④

然而不是所有的水利工程都能收到积极作用，有些水利工程的存在甚至产生了消极影响。扬州古河开凿，使漕路缩短。三堰的存在使水势不均。因此为了平衡水量，所以后期这三堰都被废去，以均水势。如："天禧二年，江、淮发运使贾宗言：'……今议开扬州古河，缭城南接运渠，毁龙舟、新兴、茱萸三堰，凿近堰漕路，以均水势。'"⑤ 这样做的好处是"岁省官费十数万，功利甚厚"⑥。为了进一

---

① （宋）陈造：《江湖长翁集》卷二五《与王提举论水利书》，文渊阁《四库全书》，第1166册，第314—315页。
② （宋）李焘：《续资治通鉴长编》卷七八，大中祥符五年八月庚戌条，中华书局1992年版，第1780页。
③ （宋）秦观撰，徐培钧笺注：《淮海集笺注》卷第三八《罗君生祠堂记》，第1239页。
④ （宋）陈造：《江湖长翁集》卷二五《与王提举论水利书》，文渊阁《四库全书》，第1166册，第315页。
⑤ 《宋史》卷九六《河渠六》，第2380页。
⑥ 同上。

步均衡水势，有政府官员还建议在这三堰附近设置堤坝以恢复被废去三堰的功能，如向子諲就在奏议中说："欲救其弊，宜于真州太子港作一坝，以复怀子河故道，于瓜州河口作一坝，以复龙舟堰，于海陵河口作一坝，以复茱萸、待贤堰，使诸塘水不为瓜洲、真、泰三河所分，于北神相近作一坝，权闭满浦闸，复朝宗闸，则上下无壅矣。"①

我们来对沿淮地区的水利工程进行分析。首先是为农业开发蓄水。沿淮地区的堤堰多发挥此类作用，如："天禧四年（1020），淮南劝农使王贯之导海州石砫堰水入涟水军，溉民田。"② 又如芍陂这个非常古老的设施，宋代依然发挥着蓄水灌溉的作用。神宗时，芍陂得到杨汲的整治，"修古芍陂，引汉泉灌田万顷"③。规避船只航行中的风险也是作用之一。如楚州通涟河，是连通淮河与涟水的一条人工河道。史载："楚州沿淮至涟州，风涛险，舟多溺。议者谓开支氏渠引水入运河，岁久不决，宗望始成之，为公私利。"④ 此河最初是为规避楚州和涟州间的淮河风浪，于公于私，利益兼顾。为了最大限度地规避此区域的行船风险，有地方官员还曾经提出修筑盱眙河，只是因为工程浩大，人力物力耗费太大才不得不放弃⑤。另外沿淮地区水利工程还有疏水排涝，防备水患之用。因为沿淮地区东部很多地方地势低洼，水系众多，容易积水成涝，地方官员在此修筑河渠，对水疏导，向水取田。如：熙宁年间，沈括为沭阳县主簿时就曾"疏水为百渠九堰，以播节原委，得上田七千顷"⑥。有些大型水利工程不但能蓄水灌

---

① 《宋史》卷九六《河渠六》，第2380页。
② 同上。
③ 《宋史》卷三五五《杨汲传》，第11187页。
④ 《宋史》卷三三《王宗望传》，第10636页。
⑤ （明）朱怀幹修，盛仪纂：《惟扬志》卷三二《议立高邮等处堤堰并开新河》，嘉靖二十一年刻本。
⑥ 《宋史》卷三三一《沈括传》，第1653页。

溉，也能起到防备水患的作用。如芍陂重修后"既而浚淠河三十里，疏泄支流注芍陂，为斗门，溉田数万顷，外筑堤以备水患"①。水利工程还有另外一些作用。如上述通涟河，连通了运河与涟水，这样可从涟水军直接行船进入运河，缩短了从涟水军抵达运河的航程，便利了物资转输，这样使得输送上京的物资可安全抵达运河四州。这里特别要指出的是从泗州到汴京的这一段运河区，本应属于运河区的范围，但是由于其主要水利工程不与漕运产生直接联系，并且这些地方的淮河以北区域依然是淮河流域的范围，较大的淮系河流从西到东依次是颍水、淝水、涡水、涣水，这四条河流均流经淮东路淮河以北的宿、亳二州，故我们依然对其展开探讨。虽然政府并未在此处修筑大型水利工程，但是也并未完全忽视之。如：真宗大中祥符八年（1015），亳州积涝成灾，民田毁者千顷。郑希甫开渠通于淮河，"疏渫尽涸"②。仁宗天圣二年（1024）张君平利用疏通、开凿古沟洫的契机，对亳、宿进行了排涝作业。③神宗时，叶康直知亳州，"通瀦积潦，民获田数十万亩"④。

不过就本处水利工程布局来看，政府没有在水力资源充沛处设置大型水利设施乃是失策，而实际上此处水利资源是非常充足的。如涡河与淮河交接处，"秋水见滩底，浅沙交浪痕。白鱼跳处急，宿雁下时昏"⑤。又如："……今朝雪浪满，始觉平野隘……孤舟系桑本，终

---

① 《宋史》卷三一《张旨传》，第 10004 页。
② （宋）苏舜钦：《苏学士集》卷一四《屯田郎中荥阳郑公墓志》，四部丛刊初编本。
③ （宋）李焘：《续资治通鉴长编》卷一二，天圣二年三月己丑条，中华书局 1992 年版，第 2352 页。
④ 《宋史》卷四二六《叶康直传》，第 12707 页。
⑤ （宋）梅尧臣：《宛陵集》卷第三四，四部丛刊初编本。

夜舞澎湃。"①

从表2—1可知,沿江地区主要的水利工程集中于舒州和泰州两地,并且多以堰堤为主,本区域主要河流自北向南流入大江的有岐亭河、浠水、蕲水、皖水、濡须水等。然而我们发现,表2—1中所列水利工程没有一个是横跨这些河流的。沿江地区所受自然威胁主要来自海洋,东部接连大海,沿海地区还有一部分产盐区,"通、泰、海州皆滨海,旧日潮水皆至城下,土田斥卤不可稼穑,范文正公监西溪仓,建白于朝,请筑捍海堤于三州之境,长数百里,以卫民田,朝廷从之。以文正为兴化令,专掌役事,发通、泰、楚、海四州民夫治之,既成,民至今飨其利,兴化之民往往以范为姓"②。修筑捍海堰的目的在于确保农田和人民生命财产不受海潮的侵袭,效果很明显。

在继续加强水利工程蓄水贮水功能的前提下,沿江地区水利工程的防灾功能又得到了强化。"元丰五年(1082)九月,淮南监司言:'舒州近城有大泽,出灊山,注北门外。比者,暴水漂居民,知州杨希元筑捍水堤千一百五十丈,置泄水斗门二,遂免淫潦入城之患。'并玺书奖谕。"③

同时部分工程依然具有为漕运服务的功能,如扬州的瓜州澳闸,依然在为漕运发挥它的作用。"徽宗崇宁元年(1102)十二月,置提举淮、浙澳闸司官一员,掌杭州至扬州瓜洲澳闸,凡……扬州新旧等闸,通治之。"④(吕希道)"知和州,郡境有麻湖,濒江二十里,环湖田数千顷,无畜泄之备,雨久则田皆陷泽中,为一方患甚巨。公疏

---

① (宋)苏轼:《集注分类东坡先生诗》卷第七《十二月二日将至涡口五里所遇风留宿》,四部丛刊初编本。
② (宋)朱熹:《五朝名臣言行录》卷七之二《参政范文正公》,四部丛刊初编本。
③ 《宋史》卷九六《河渠六》,第2381页。
④ 同上书,第2384页。

河通江，介湖中为沟港，雨暴注则泻诸江，因沟港通漕舟达城中，数千顷皆为良田，岁收三百余万斛，朝廷优赏其功"①。

政府对沿江地区的水利工程之设置，依然有其欠考虑之处。其一，未能在本区的主要河流上修筑大型水利设施，这样便无法充分利用水利资源。其二，水利设施分布不均，过于集中一两个州，其他州如蕲州、黄州则相对缺乏大型水利设施。

表2—1中天长县本属于扬州，但是因为距离运河较远，对运河的影响非常有限。界河则是位于高邮和天长之间的一条人工河。

内陆地区水利设施的主要作用是为农业发展提供灌溉的水源，以漕运为出发点并不是主因。该区不与大型水系相衔接，取水不如其他区域便利，并且水源也较其他区域紧张，所以政府在此开凿遇明河。这是一条和扬楚运河平行，连接泗州与真州的人工河流，史载："崇宁二年（1103）十二月，诏淮南开修遇明河，自真州宣化镇江口至泗州淮河口，五年毕工。"② 这条河的开凿除了方便运输之外，还能够缓解本区域的水源紧缺。不只如此，政府还开凿白马塘、沛塘等。这都大大缓解了本区的水紧缺问题。

第三节　南宋淮南地区水利工程布局

从《宋会要辑稿》《宋史》《读史方舆纪要》中将所见南宋时期运河区域相关记载辑出，分列得到表2—2。

---

① （宋）范祖禹：《范太史集》卷四二《左中散大夫守少府监吕公墓志铭》，文渊阁《四库全书》，第1100册，第460页。
② 《宋史》卷九六《河渠六》，第2384页。

表 2—2　　　　南宋淮南运河区域主要水利工程一览

工程名称	修筑（重修）时间	大致位置	主要作用	史料来源
滁州堰	建炎三年九月	滁州	防敌	《建炎以来系年要录》卷二八
捍海堰	绍兴二十七年	通、泰、楚州	防潮水	《宋史》卷三一
大溪村河	乾道五年	楚州山阳	不详	《宋会要辑稿》食货八之一一
杨柳圩	绍兴三十年	无为军	灌溉	《宋会要辑稿》食货七之五六
佳成圩	绍兴三十年	无为军	灌溉	《宋会要辑稿》食货七之五六
姥下河	乾道二年	和州	防敌、检盗	《宋会要辑稿》食货八之二五
千秋涧	乾道二年	和州	防敌	《宋史全文》卷二七上
月堰	淳熙三年	泰州	防潮水	《宋史》卷九七
广惠砀	淳熙六年	楚州	防备水患	《读史方舆纪要》卷二二
龟山运河	淳熙七年	洪泽、龟山	漕运	《宋史》卷九七
捍海堰	淳熙八年	通、楚州	防潮水	《宋史》卷九七
陈公塘	淳熙九年	真州	漕运、灌溉	《宋史》卷九七
千秋涧斗门	淳熙十二年	和州	灌溉	《宋史》卷九七
新河口	淳熙十五年	扬州	不详	《宋会要辑稿》方域一六之四二
上新河	庆元六年	真州	漕运	《读史方舆纪要》卷二
北山塘	嘉定十年	真州	灌溉、防敌	《读史方舆纪要》卷二三
茆家山塘	嘉定十二年	真州	灌溉、防敌	《读史方舆纪要》卷二三

一　淮南地区水利工程修筑的出发点

运河沿岸地区水利工程的主要作用是为辅助漕运。从表 2—2 可知南宋淮南运河沿岸地区水利兴修多集中于真州、扬州一带。修筑时间多集中于乾道、淳熙年间。这一时期，南宋已不是南迁之始那样处于风雨飘摇状态，除战争年份外，大致较为稳定，这为修筑大型水利设施提供了外部条件。就其作用来看，现有史料直接表明运河沿岸地区水利工程有 12 条，其中直接注明出于漕运目的的有 6 条，可见南宋在运河沿岸地区修筑大型水利工程的主要目的还是辅助漕运。南宋运河地区实施漕运的主要目的不仅是从淮南地区通过运河转输物资至总领所①，还在战争期间从江南东、西路转输物资到淮南前线作为军粮。如：绍兴五年（1135）三月"……而以余军分措三路，一路驻于淮东，一军驻于淮西……两浙之粟以飨淮东，江西之粟以飨淮西"②。又可作为备用之粮输于淮南，如：绍兴三十二年（1162）六月"丙午，臣僚言：'近日于淮东西总领司各桩苗米一百万石，备宣抚司移屯支用，内拨浙西常平米一十三万二千余石，往淮东、江东常平米三十七万四千余石，往淮西，切唯常平一司，盖备水旱盗贼缓急之用，积年陈腐，及移易借兑，殆居其半，一旦三分取一，两路所积几无余矣，间遇水旱盗贼之变，将何以为备乎。诏户部看详，户部乞于两浙漕司和籴米拨一十三万二千余石赴淮东，江东西漕司和籴米并江西上供米，建康中纳米九千石，共三十七万四千余石，往淮西，其江浙常平米，更不取拨。从之。'"③为解决运河河道经常淤塞的问题，政府多次派人疏通，进行清淤工作。"其中扬楚运河的工程以疏浚浅涩、恢复被破坏的工程设施为主。"④农田灌溉是一个基本的功能，如陈公塘、莲花塘、北山塘、茆家山塘等这些塘坝都兼有灌溉的功能。战备水利在运河区域也显示出其特别的功用，如北山塘、茆家山塘的修筑还兼备防敌的功用。但是有学人也认为，战备水利的多次出现，阻碍了农田水利的发展⑤。笔者认为战备水利对金军南下起到一定的延缓作用，否则，本区的农田水利建设也必定会由于金军南下

---

① 详见前文"物资转输地理格局"这一节。
② （元）佚名：《宋史全文》卷一九中，黑龙江人民出版社2006年版，第1167—1168页。
③ （宋）李心传：《建炎以来系年要录》卷二，绍兴三十二年十一月丙午条，上海古籍出版社1992年版，第3册，第890页。
④ 高荣盛：《宋代江苏境内漕运工程考述》，《江苏社会科学》1997年第2期。
⑤ 陈艳：《宋金和战时期两淮路垦田、水利及人口》，硕士论文，上海师范大学，2006年。

而遭受更大的影响。南宋部分官员因此建议修筑战备水利来延缓北方少数民族军队的行进速度。如：嘉定五年（1212）十二月，国子司业刘爚"还，言：'两淮之地，藩蔽江南，干戈盗贼之后，宜加经理，必于招集流散之中，就为足食足兵之计。臣观淮东，其地平博膏腴，有陂泽水泉之利，而荒芜实多。其民劲悍勇敢，习边鄙战斗之事，而安集者少。诚能经画郊野，招集散亡，约顷亩以授田，使毋广占抛荒之患，列沟洫以储水，且备戎马驰突之虞。为之具田器，贷种粮，相其险易，聚为室庐，使相保护，联以什伍，教以击刺，使相纠率。或乡为一围，里为一队，建其长，立其副。平居则耕，有警则守，有余力则战。'帝嘉纳之。"①

沿江地区的主要水利工程从修筑时间上看，多集中于绍兴末年到淳熙年间。就南宋史来看，这段时间也是淮南地区比较平稳的时期。较大规模的战争基本停息，1162年前后的海陵南侵仅维持了一年左右，其造成的不利影响有限。绍兴年末期，沿江区域大型水利工程共修筑了三处，而建炎年间仅筑有滁州的滁州堰这一处，并且其修筑还包括有军事因素在内。从修筑地点来看，多集中于通、泰、和等州，庐江和无为也有部分水利工程。通州的捍海堰主要还是防备海潮，泰州的月堰是为防备江水侵袭而设。

我们还可以看到，沿江地区的水利工程多以堰为主，并且其军事作用上升，这样的战备水利多集中于和州和滁州等地。南宋以来和州一直都是军事防御要地，因其附近河流较多，既可达大江，又可直达和州城下，也可由此运输物资和兵员至江对面。并且大江对面就是采石，宋朝虞允文部曾在此重创金军。乾道二年（1166）"三月

---

① 《宋史》卷三一《刘爚传》，第12171页。

十七日，太平州言：'辖下东采石与和州杨林渡相直，绍兴三十一年，金人犯江，先自和州造船入杨林渡小河，径冲采石，其为要害明甚。今和州止为创收商税，皆微小课息，却将旧姥下河东接大江，西至姥下市桥，次曲尺至和州城下，稍西北接连东河，出大江，欲创疏凿达和州城下，直抵慈湖。相对赤埭河口，出大江，通放舟船。恐缓急贼船可以囊橐，实难防御。'"① 故在此处修筑为数稍多的战备水利实可理解。同时政府为保证和州的防备力量，又驻扎了万弩手。如：隆兴三年（1165）"十二月十八日，诏和州万弩手永免户下三百亩赋税"②。

二　水利工程的集中分布之原因

由表 2—2 可知，大型水利工程多集中于真、扬、通、泰州一带，出现这种状况的原因，笔者认为：其一，和本地运河浅涩有关，如南宋陈公塘的重修就是为了使运河如北宋那样保有一定的水量，使得行船的风险能够化解。其二，一部分政府官员认为此处是江南物资水运输送至淮上的必经之地，在此修筑的水利工程对漕运有很大的辅助作用。如：淳熙九年（1182），淮南漕臣钱冲之言："真州之东二十里，有陈公塘，……凡诸场盐纲、粮食漕运、使命往还，舟舰皆仰之以通济，其利甚博。"③ 同时，对此处水利工程的修浚对淮南盐的运销也有重要意义。如："淳熙五年（1178）二月十一日，淮东提举司言：'礼部郎中郑侨奏：臣前任淮东提举日，当久旱之后，盐河浅涸，纲运不通，商旅乘行。奉旨开濬河道五百二十余里，并皆深广，比及得

---

① 《宋会要辑稿》食货八之二五，第 4947 页。
② 《宋会要辑稿》食货一之二三，第 4988 页。
③ 《宋史》卷九七《河渠七》，第 2394 页。

雨，客舟通行，下半年间收趁盐课，比之迁年全数尚且过之。窥见当时所开之河，水道既深，则土岸甚浚，烈日所暴，淫雨所浸，岁久必复有堙塞之患。与其待堙塞而复开，不若时察其浅涸之处，即为浚治。帖下本路盐司，逐时检照，措置修治施行。'从之。"①

三 宋初楚州水利工程设置的军事因素

楚州位居前线的地理位置是该处水利设施配置的主要出发点。南宋之楚州位于淮河南岸，对面即是金国地界，并且此处是战略要地，宋初宋军赵立部坚守楚州死战不退，后韩世忠部3万余人在此驻扎，金军南下，多以此为攻击目标，南宋想力保楚州，时人说："建炎四年（1130）八月己丑，扬承二镇已陷，楚势亦危，张俊曰：……江东新造，全籍两淮，若失楚，则大势去矣。"② 故此处的水利工程遭受的破坏概率要大得多，所以运河区的楚州在此处只保留了一小部分水利工程，并且其重要性也与北宋时代不可同日而语。如南宋仅仅在楚州留下了大溪村河、新路堤、龟山运河这样三个较大的水利工程，其中，龟山运河在北宋时期一度起到相当重要的作用，但是南宋时期，其作用大大衰减。

四 运河地区水利工程的作用

首先是辅助军事运输，淮南地区在南宋变成军事前线后，有时只凭本地区的产出已无法满足前线需要，特别是战争期间，物资的需求大幅度上升。如："适缘商总领到任，趱办军储，顿段并发淮上纲运。并蒙朝廷指挥，对拨米斛，一年之间，已及四十一万八千

---

① 《宋会要辑稿》方域一六之三八，第7594页。
② （元）佚名：《宋史全文》卷一七下，黑龙江人民出版社2006年版，第1011页。

余石。"① 政府不得不就近从江南东西路筹集物资,地方不胜其烦,拖欠成为常态。如:"若非朝廷痛行优恤,则一邑受害无有穷已。窃见前件所欠米斛具有当年官吏姓名,至后来逐年纲运不曾拖欠,而总所乃以新纲补足旧纲,至于行移,反坐以拖欠新纲。前之官吏正行拖欠者,既以幸免,后之官吏,未尝拖欠者反被追扰,淮东之专人朝来,而淮西之专人夕至……斥辱微官,甚于奴隶,扯淬小吏,甚于罪囚。"② 淮南军队缺粮之时,政府以"两浙之粟以饷淮东,江西之粟以饷淮西……量所用之数责漕臣将输,而归其余于行在"③。而通过漕运输送于淮南前线,走运河是其必经之路。

战争时期运输军事物资,而和平时期则转输上供物资。战时,物资多由外输纳于淮南。平时,淮南地区依旧不定期发送上供物资,主要由粮食、盐、钱等构成。这些物资的输纳也仰仗本区域水利工程来实现。因此,如陈公塘这一类的水利工程,在物资输送上就"其利甚博"了。④ 淳熙五年,政府开浚扬州古盐河,为盐的输送开启了通道。如前述郑侨的事例⑤也能证明这一点。再如陈敏"自宝应至高邮,按其旧作石硔十二所,自是运河通泄,无冲突患"⑥。运河通畅为物资的输送提供了相当大的便利。

其次是为农业灌溉服务。运河区域的农业水利,如真州之莲花塘

---

① (宋)马光祖修,周应合撰:《景定建康志》卷二三,《宋元珍稀地方志丛刊》,四川大学出版社2007年版,第1079页。
② (宋)黄榦:《勉斋集》卷二九《申临江军乞申朝省除豁纲欠》,文渊阁《四库全书》,第1168册,第326页。
③ (宋)李心传:《建炎以来系年要录》卷八七,绍兴五年三月庚子条,上海古籍出版社1992年版,第2册,第238页。
④ 《宋史》卷九七《河渠七》,第2394页。
⑤ 《宋会要辑稿》方域一六之三八,第7594页。
⑥ 《宋史》卷四二《陈敏传》,第12182页。

等还有农业灌溉的作用,"(绍兴五年,1135)修真州莲花塘溉田"①,另有高邮等处石䃮、斗门等,这些设施为灌溉提供了便利。"绍熙五年(1194),淮东提举陈损之言:'高邮、楚州之间,陂湖渺漫,茭葑弥满,宜创立堤堰,以为潴泄,庶几水不至于泛溢,旱不至于干涸。乞兴筑自扬州江都县至楚州淮阴县三百六十里,又自高邮、兴化至盐城县二百四十里,其堤岸傍开一新河,以通舟船。仍存旧堤以捍风浪,载柳十余万株,数年后堤岸亦牢,其木亦可备修补之用。兼扬州柴墟镇旧有堤闸,乃泰州泄水之处,其闸坏久,亦于此创立斗门。西引盱眙、天长以来众湖之水,起自扬州江都,经由高邮及楚州宝应、山阳,北至淮阴,西达于淮;又自高邮入兴化,东至盐城而极于海;又泰州海陵南至扬州泰兴而彻于江:共为石䃮十三,斗门七。乞以绍熙堰为名,镵诸坚石。'"②

最后是灌溉兼具战备。本运河区域的一些水利工程还兼有战备之用。如:"崔与之……特授直宝谟阁、权发遣扬州事、主管淮东安抚司公事。宁宗宣引入内,亲遣之,奏选守将、集民兵为边防第一事。既至,浚濠广十有二丈,深二丈。西城濠势低,因疏塘水以限戎马。开月河,置钓桥。州城与保砦城不相属。"③这些水利的修筑均为防御金军起到了较好的作用。为降低运河行船风险也是修筑水利设施的考虑之一。运河区域并非只有运河沿岸存在行船风险,距离运河虽然较远,但又与运河有关联的河流也在降低风险的考虑之列。为降低这种风险,政府采取开新河的办法。如:"高邮、楚州之间,陂湖渺漫,茭葑弥满,宜创立堤堰,以为潴泄,庶几水不至于泛溢,

---

① 武同举:《淮系年表全编·宋二》,1928 年刊本,据两轩存稿铅印。
② 《宋史》卷九七《河渠志》,第 2395 页。
③ 《宋史》卷四六《崔与之传》,第 12258 页。

旱不至于干涸。乞兴筑自扬州江都县至楚州淮阴县三百六十里，又自高邮、兴化至盐城县二百四十里，其堤岸傍开一新河，以通舟船。仍存旧堤以捍风浪，栽柳十余万株，数年后堤岸亦牢，其木亦可备修补之用。"①

沿江地区水利工程首先为农业发展提供灌溉水源。从表2—2看，用于灌溉的大型水利工程集中于沿江的庐江、无为等地，如无为军的佳成圩和杨柳圩，并且其一不靠近运河，其二不属于军事要地。还有和州的千秋涧斗门，这个斗门的修筑还是出于灌溉的考虑。淳熙十二年（1185）"和州守臣请于千秋涧置斗门，以防麻澧湖水泄入大江，遇岁旱灌溉田畴，实为民利"②。其次，为军事防御提供战备水利。战备水利的出现，主要还是出于防备金军南下的考虑，其主要集中于滁州和和州，并且和州的分布要多于其他州。如："乾道二年，以和州守臣言：'开凿姥下河，东接大江，防捍敌人，检制盗贼。'"③ 由于和州军事上的重要性，南宋在此布置了一定数量的军队，如："嘉定五年（1212）三月二十八日，知和州富嘉谋言：'窃惟两淮历阳为淮西要郡……本州守城立功军兵四百九十五人，昨蒙朝廷给到宣帖，各人节次陈乞，帮行正请，本州具申江淮制置大使司备申朝廷，回准指挥所，其增添请给，从本州应付。'"④ 又有臣下建议开一些小型河流，为军事时期做准备，如"且濡须、巢湖之水，上接店步，下接江口，可通漕舟，乞择将经理"⑤。

---

① 《宋史》卷九七《河渠七》，第2395页。
② 同上。
③ 同上书，第2393页。
④ 《宋会要辑稿》食货六二之七三，第5985页。
⑤ 《宋史》卷三八六《金安节传》，第11860页。

第四节　两宋淮南地区水利工程布局比较

水利工程布局的密集区域在两宋时期是否有变化？是如何变化的？先看北宋时期，将表2—1和表2—2上面所有的水利设施全部展示在示意图上。如图2—3和图2—4。从图2—3看去，楚州和扬州数量较多，这与楚州和扬州管辖范围较其他州军为大，并且运河在楚州的河道曲折以及经过扬州的运河风浪较大有关。这两州管辖区域覆盖了大部分的运河地区。运河地区其他各州、军水利工程数量相差不大。从整个运河区域来看，水利工程布局呈现一种大致均匀分布。通过表2—1和表2—2可知沿江、沿淮地区的水利工程布局，其中北部的沿淮地区内，海州一处，濠州有四处，楚州二处，寿州一处。其他区域数量分布差别不大。通过表2—2观察位于南部的大江区域主要水利工程布局，其中和州有一处，舒州有四处，泰州有二处，扬州一处，通州一处。总的来看，各州军大型水利工程分布差别并不太大，并且多集中接近运河区域。

综合上述水利工程分布状况来看，运河区域是北宋淮南地区水利工程主要分布地区，其他区域内越接近运河区域分布数量越多。这样就使得淮南地区的水利工程分布呈现一种以运河区域为主要分布区域、其他区域依托运河区域分布的状况。

通过表2—2可发现南宋运河地区主要水利工程在真、扬州有六处，楚州有三处，州军有三处。以此可见运河地区的水利工程多集中于真、扬两州，也能说明南宋时期，真州在水利工程布局上的地位越发重要。

再看沿江地区水利工程，通过表2—2，可知沿江地区水利工程在和州有三处，泰州一处，滁州一处，扬州一处，无为军二处，通、泰、楚州共有二处。可见沿江地区主要水利工程还是集中在和州、无为军等处，并且部分起到战备水利的作用，防御北方少数民族渡江是这些战备水利的重要作用之一。

沿江地区的沿淮水分布的大型水利工程在南宋时期已大大减少，就目前掌握的史料来看，其影响已微乎其微。

综合上述史料，北宋时运河地区达到二十八处，沿江、沿淮地区达十八处，内陆地区较少，但也达到四处。可见北宋时期，淮南地区大型水利工程主要分布于运河地区，沿江、沿淮也分布不少水利工程，只是数量上不及运河地区。南宋时运河地区达到十三处，沿江十处，综合这两个地区，运河地区水利工程多集中于其南部，并且沿江地区水利工程多集中于与运河地区相邻地区。可见，两宋淮南地区的大型水利工程布局的密集区域已发生了变化，北宋时期，运河地区是水利工程布局的密集区域，大致呈均匀分布；南宋时期，运河地区依旧是水利工程布局的集中区域，不过在运河地区的北部水利工程布局大为减少，并且分布较离散，南部成为水利工程的汇集区域，且有扁平分布于大江与运河交接处及其周边之趋势。

影响淮南地区水利工程布局的因素有多种，战争是这种局面出现的重要原因之一，特别是靖康年间开始的金军南下，对淮南水利工程的布局影响最大。金军的破坏是一个方面，加之南宋政府为避免资敌而主动对水利工程的毁弃①。

如图所示：

---

① 《宋史》卷九七《河渠七》，第 2393 页。

第二章 宋代淮南地区水利工程分布格局 | 97

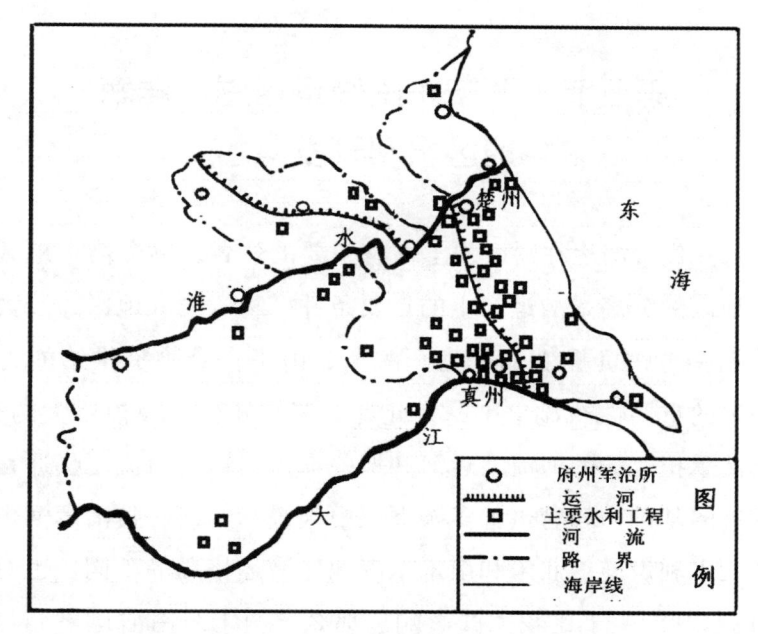

图 2—3 北宋淮南地区主要水利工程布局

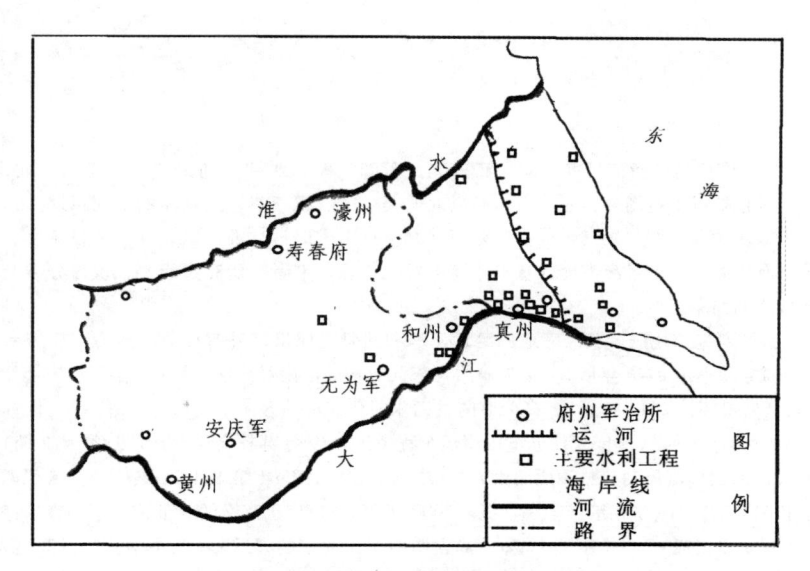

图 2—4 南宋淮南地区主要水利工程布局

第五节 两宋东南漕运格局与淮南地区水利开发

有宋一代，漕运在财政史上占有重要的位置，物资需求地区和物资生产地区的分离是漕运产生的首要条件，物资输入地区的巨大需求使得其无法与物资提供地区完全脱离，由于自身物资供给能力的缺乏，漕运的重要性凸显出来，为此计，宋代开凿了规模巨大的运河，兼及修治承担运输的河流，运河和那些承担运输的河流之畅通是漕运得以维持的基础，政府也曾多次下大力气整治运河。整治运河也包括建设漕运水利设施。北宋和南宋东南地区漕运格局的不同，也对淮南地区[1]的水利产生了比较大的影响。那么，两宋东南漕运格局与淮南地区水利[2]之间有什么样的关联？漕运格局是如何影响淮南的水利布局的？

---

[1] 宋代淮南地区指淮河以南，大江以北，东到大海，西到大别山的这一地区。北宋时，淮南路除了包括以上范围外，还包括淮河以北的亳、宿、泗三州以及寿州的淮河以北土地，同时大别山以西的蕲、黄、光三州也在此路管辖之下；南宋时期，淮河以北的土地没于金，淮南路的范围有所缩小，不过淮南地区基本范围未发生变化。笔者在研究过程中，也部分涉及淮南路淮河以北的州军。

[2] 系统研究宋代漕运及淮南地区漕运、水利的研究成果，目前有全汉昇的《唐宋帝国与运河》（商务印书馆1946年版），王曾瑜的《宋元时代的淮南经济述略》（《隋唐辽宋金元史论丛》，紫禁城出版社2011年版），高荣盛的《两宋时代江淮地区的水上物资转输》（《江苏社会科学》2003年第1期），《宋代江苏境内漕运工程考述》（《江苏社会科学》1997年第2期），袁一堂的《南宋的供漕体制与总领所制度》（《中州学刊》1995年第4期），柴静的《宋代两淮地区的水利和漕运》（《华东冶金学院学报》2000年第2期），王兴文的《北宋漕运与商品经济的发展》（《学术交流》2004年第7期），周建明的《论北宋的漕运》（《中国社会经济史研究》2000年第2期），王鑫义的著作《淮河流域经济开发史》中宋代有关的部分，陈峰的《试论唐宋时期漕运的沿革与变迁》（《中国经济史研究》1999年第3期），应岳林、巴兆祥的《江淮地区开发探源》中宋代的部分（江西教育出版社1997年版）。

（一）北宋东南漕运格局下的淮南州军

北宋立国，定都于开封，太祖集全国精兵于京师，开封是一个汇集了上百万人口的大城市，这样就需要东南的粮食物资来供给，水运是一个相对比较节省开支的运输方式，包伟民教授认为："宋代的物资转输有水运与陆运两种形式。陆运成本极高，只能是一种辅助性的形式。水运有条件的限制。当时东南地区财赋征调进京，主要即依靠水运。"① 北宋统一后，东南地区与京师通过运河联系起来，东南的粮食物资从各州军起运，进入大江，然后在真州汇集，由于受气候影响，冬季运河结冰，且为避免拖船过堰，政府于运河流经的真、扬、楚、泗州设置转般仓②，粮食物资抵达后入转般仓贮存，因位于扬楚运河首尾的真州和楚州都设置有阻挡河水流失的闸堰，在保持河水流量的同时，也使得六路之舟不需直接入京，可将粮食物资卸下，通过更换它舟运至京师。从总的方向上来看，东南漕运是从东南地区向西北方向的运输。从路线来看，大致从东南各州军起运时就呈现多条路线③，到达真州后，再一直到京师则合并成一条路线。

淮南地区包括有光、寿、濠、楚、泗、海、宿、亳、庐、滁、黄、蕲、舒、和、真、扬、泰、通等十八州和无为军一军。就漕运来看，光、寿、濠、海、宿、亳、庐、滁、黄、蕲、舒、和、泰、通等十四州和无为军一军，承担为京师提供粮食物资的职责。沿运河分布有真、扬、楚、泗四州，这四州在功能上与其他州军不同，且它们的功用有共同之处，我们可将其视作一个整体，称为运河四州。

---

① 包伟民：《宋代地方财政史研究》，上海古籍出版社2001年版，第229页。
② 《宋史》卷一七五《食货上三》，第4252页。
③ 每个物资输送中央都可视同一条路线，淮南十多个州就有十多条路线，到真州汇集集中成为一条路线。

首先，运河四州设置了转般仓，四州具有了转般物资的功能。具有转般功能的四州，成为京师和东南地区之间物资转输的一个枢纽。①其次，这四州又具有和东南地区（包括淮南地区）其他州军同样的上供功能：为京师提供所需的粮食物资。淮南地区除了淮河中上游的光、寿诸州是通过颍水等输送至咸平、太康②，宿、亳二州直接通过汴河输送至京师外，其他州军皆是通过运河四州实现向中央上供的功能。"……光、寿诸州之粟帛，自石塘惠民河沿流而至，置催纲领之。"③ 最后，政府设置发运司于真、泗二州，发运司在此还经常籴买粮草，存贮于运河四州，以作为上供京师的预备。天圣二年（1024）九月"（方仲荀等）言：舒、庐等十三州军，逐年和籴斛，乞只于真、楚、泗州就近收籴之"④。"政和二年……淮南路转运判官向子諲奏：转般之法，寓平籴之意，江、湖有米，可籴于真。两浙有米，可籴于扬。宿、亳有麦，可籴于泗。"⑤ 这样又使得淮南四州具有了籴买粮食的功能。这样看来，在北宋时期的东南漕运格局中，运河四州的功用显然要比其他淮南州军完备，一旦四州境内运河出现问题，四州功用也会出现问题，整个北宋的漕运都会受到影响。庆历七年（1047）九月二十九日，"发运使柳灏言：'淮南……运河久失开陶，颇成埋塞，往来纲运，常苦浅涩。今岁夏中，真、扬两界旋放陂水，仍作坝子，仅能行运……凡所供国赡军者，尽由此河般

---

① 柴静的《宋代两淮地区的水利和漕运》一文认为淮扬运河是转漕枢纽。（《华东冶金学院学报》2000 年第 2 期，第 56 页。）

② （宋）张邦基撰，孔凡礼点校：《墨庄漫录》卷四《发运使建官及职事》，《唐宋史料笔记丛刊》，中华书局 2002 年版，第 117—118 页。

③ 《宋会要辑稿》食货六二之一，第 5949 页。

④ 《宋会要辑稿》食货五四之三，第 5739 页。

⑤ 《宋史》卷一七五《食货上三》，第 4259 页。

运，若或仍旧不加浚治，将见多滞纲运……"① 因此，我们也可以认为，在漕运上运河四州的地位要较淮南其他州军突出。北宋东南的漕运不仅年运输量平均达到六百万石，甚至一度达到八百万石②，其中淮南地区年上供也达到一百五十万石③。集中于京师的粮食物资，不但供给了京师人口，还在西北三路军事吃紧的时候，可解决其不足需求。"今江、淮之米，岁入于汴者六百万石，诚能分给关西，得一二百万石足矣。"④ 同时也可在陕西发生灾害的时候，予以赈济。"元祐三年春，关中小旱，提刑司依法赈民，不以闻朝廷。吕微仲，陕人，忧之过甚。有吴革者，自白波辇运罢还，欲求堂除，因议水陆运米，以济关中之饥。朝廷下户部，且使革领其事。"⑤ 这样，整个淮南地区在漕运上就形成了这样的一种格局：运河四州具有转般、上供、籴买的功用，其他州军仅具有上供的功用⑥。相较而言，运河四州地位比较突出。

（二）北宋淮南地区水利工程的布局

淮南地区是重要的粮食物资出产地，兴修水利是政府发展淮南经济的重要措施，史籍中留下了许多有关淮南水利兴修的记载。笔者将这些史料收集集中，以数字统计如下表所示：

---

① 《宋会要辑稿》食货四二之一八，第 5570 页。
② 《宋史》卷三三一《孙长卿传》，第 10642 页。
③ 这一点可参考梁方仲先生《中国历代户口、田地、田赋统计》（上海人民出版社 1980 年版，第 294 页）。
④ （宋）李焘：《续资治通鉴长编》卷一二九，康定元年十二月乙巳条，中华书局 1992 年版，第 3066 页。
⑤ 《宋会要辑稿》食货四三之四，第 5574 页。
⑥ 有关运河四州转般仓的功能，详见汪圣铎先生《宋代转般仓研究》，《文史》2011 年第 2 辑。

表 2—3　　　　　　　北宋淮南地区各州水利设施功能一览①

州军\功能	楚州	泗州	真州	扬州	濠州	海州	寿州	光州	蕲州	黄州	舒州	无为军	和州	泰州	通州	亳州	庐州	滁州	宿州	合计	百分比
漕运	10	0	11	5	0	0	0	0	0	0	0	0	1	0	1	0	0	0	2	30	56%
灌溉	1	0	1	4	4	1	1	0	0	0	0	0	0	0	0	0	0	0	1	13	23%
蓄水	0	0	0	2	1	0	1	0	0	0	1	0	0	0	0	0	0	0	0	5	9%
防水	1	0	0	1	0	0	1	0	0	0	2	0	0	1	0	0	0	0	0	6	10%
取田	1	0	0	0	0	0	0	0	0	0	0	0	0	0	0	0	0	0	0	1	2%
合计	13	0	12	12	5	1	2	0	0	0	3	0	1	1	1	0	0	0	3	55	100%
百分比	23%	0	21%	21%	9%	2%	4%	0	0	0	6%	0	4%	2%	2%	0	0	0	6%		100%

资料来源：《宋史》《续资治通鉴长编》《玉海》《读史方舆纪要》《文献通考》《宋会要辑稿》等，限于笔者目力所及，收集可能还有遗漏，不过基本可反映北宋淮南地区按州军配置的水利设施功能比例。②

由表 2—3 可知，北宋淮南地区水利设施出于漕运目的而设置的占一半以上，在淮南地区全部水利设施中集中于真、扬、楚三州的达到 60% 以上。可见运河地区水利工程和设施③在漕运上的作用是相当

---

① 按照功能来划分水利工程时，并不说明一处水利工程就只有一种功能，有的一处工程分别有多个功能，我们在处理时按照多个功能分别进行设定：如楚州有一处水利设施分别有灌溉和漕运的功能，我们在漕运上计为 1 处，灌溉上计为另 1 处。有关水利工程比例，采取四舍五入的办法。

② 就表 2—3 来看，泗州显然比较特殊，它和其他运河州军具有一样的功能，并且功能也多于运河四州之外的州军，不过政府并没有在该州设置水利工程和设施。这可能和泗州治所在淮水以北、泗州拥有的淮河以南的运河段较少有关。可能有学者提出运河四州中的泗州无一处水利工程记载，如何能认为泗州也是重要的水利水利工程密布地区？笔者以为"运河四州"可视为一个整体区域概念，不可拆分以某一州为考察对象。

③ 什么是水利工程？它和水利设施有什么区别？水利工程是一个现代词汇，其指包括利用水力资源和防治水的灾害的工程，《现代汉语词典》，商务印书馆 1978 年版，第 1066 页。水利工程在某些时候和水利设施是可以通用的，水利工程一般指规模较大的水利设施，如人工河流、人工湖泊的修筑等，并且偏重于动态，偏重于尚未修筑完工，比如说进行一项工程等。而像斗门、石㙮这样规模较小的则只能称为水利设施。水利设施则偏重于静态，偏重于已完工。

突出的，并且就功能数来看，超过了全部水利工程和设施功能合计数的一半以上。水利工程和设施中具有的灌溉功能大约占四分之一，可见为发展农业生产，政府还是下了大力气的。另外，蓄水占了10%，之所以蓄水，可视为以漕运和灌溉为出发点。

将表2—3中所列水利工程和设施具体到示意图中，如图2—5所示，可以看到，整个淮南地区的水利工程和设施偏集于东部，并且集中于运河两侧。可以说淮南地区的绝大部分水利工程和设施都分布于运河四州，并且在运河四州还分布有部分为灌溉和蓄水出发而设的工程和设施。这也很好理解：运河四州的水利工程和设施也并非全部只

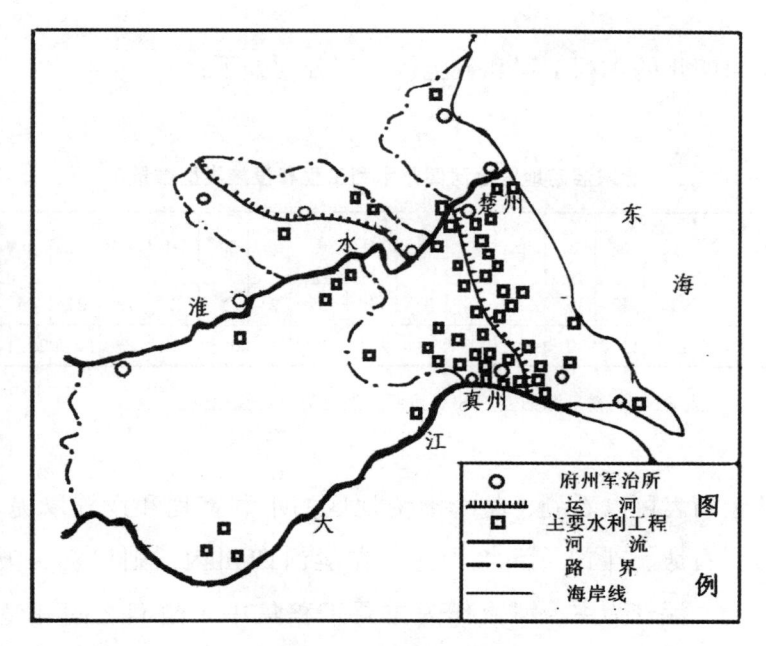

图2—5 北宋淮南地区主要水利工程布局（1111年）①

---

① 本图参考谭其骧先生主编《中国历史地图集·宋辽金卷》，北京地图出版社1982年版，图2—6同理。

为漕运而设，也有部分其他设置原因。为灌溉而蓄水是一部分原因，另外，为漕运储备水源是更重要的原因。从具体路州来看，可以说，淮东州军水利工程与设施分布要多于淮西州军。

就具体水利工程和设施的类型来说，可列表如下：

表2—4　　北宋淮南地区水利工程和水利设施类型数量①

类型\数量	堤	堰	河	渠	涧	湖	陂	沟	塘	港	浦	闸	石䃮	斗门	涵管	合计
	9	40	46	1	1	2	37	4	4	2	1	3	13	29	45	237
比例%	3.7	16.8	19.4	0.4	0.4	0.8	15.6	1.6	1.6	0.8	0.4	1.2	5.4	12.2	19.7	100%

运河四州的水利工程和设施按类型分列如下：

表2—5　　北宋淮南地区运河四州水利工程和设施类型数量

类型\数量	堤	堰	河	渠	涧	湖	陂	沟	塘	港	浦	闸	石䃮	斗门	涵管	合计
	1	6	43	0	1	2	36	4	2	2	1	2	13	27	45	185
比例%	0.5	3.2	23.2	0	0.5	1	19.4	2.1	1	1	0.5	1	7	14.5	25.1	100%

表2—4、表2—5资料来源如表2—3，按照类型分类，计算比例。

从上两表可以看到，整个淮南地区的水利工程和设施以堤、堰、河、陂、石䃮、斗门、涵管为主。在运河四州内，则以河、陂、石䃮、斗门、涵管为主。河流作为主要工程集中于楚泗之间和楚扬之间，显然都是为辅助漕运，不过这一区域，并非全部出于辅助漕运，使用运河之水保障农田需要也是其主要功能之一，陂也是运河四州内

---

① 水利工程和设施的数量比例按照四舍五入的办法计算而得。

主要的水利工程之一，也负担为运河提供水源之责，天长县境内陂非常集中，不过主要还是为灌溉提供水源①。斗门、石埭、涵管等在灌溉上作用较大，斗门也是辅助漕运的重要设施，主要集中于真州、楚州、泰州、高邮军等地。这些都是运河经过的重要地区。

（三）北宋东南漕运格局与淮南水利工程布局的关系

北宋立国一百多年，形成了辐射全国的漕运网络，东南地区形成了江淮漕运区域②，北宋东南漕运格局的形成，同时造就了淮南运河四州地位的上升，随着漕运物资数量的增加，运河的重要性凸显，为保证运河的畅通和稳定，政府在运河经过州军及运河两岸处设置了众多的水利工程与设施。这样使得整个淮南地区的水利工程和设施在修筑目的上侧重于协助漕运，并且使这些工程和设施多集中于运河四州。形成了以运河四州水利工程和设施为基础，淮水和大江的沿岸为分布带的淮南地区水利布局。就具体地理位置来看，显然是淮东分布更加密集，如图2—5所示。

一 南宋东南漕运格局与淮南地区水利开发

（一）南宋初期东南漕运格局之混乱与稳定

1127年，金军南下，攻克开封后席卷淮南，紧接着金军继续追击高宗，高宗先是驻跸淮上，然后渡江，进入浙东，甚至一度逃亡入海，金军所到之处烧杀抢掠，淮南经受了巨大的破坏，转般仓③被烧

---

① 《宋史》卷三四三《蒋之奇传》，第10916页。
② 陈峰教授认为北宋的漕运区域分成若干部分，形成了以开封为中心的全国性的漕运网络：江淮、京东、京西南、河东陕西等漕运区域。详见陈峰《试论唐宋时期漕运的沿革与变迁》，《中国经济史研究》1999年第3期。
③ 有关"转般仓"说法的使用，学界目前还不完全统一，多数学者使用"转般仓"，另有少数学者使用"转搬仓"，如高荣盛《两宋时代江淮地区的水上物资转输》，《江苏社会科学》2003年第1期。

毁殆尽。南宋军队为防备金军南下，将一些辅助漕运的设施破坏，不使资敌。"绍兴初，以金兵蹂践淮南，犹未退师，四年，诏烧毁扬州湾头港口闸、泰州姜堰、通州白莆堰，其余诸堰，并令守臣开决焚毁，务要不通敌船；又诏宣抚司毁拆真、扬堰闸及真州陈公塘，无令走入运河，以资敌用。"①南宋建立后，"高宗建炎元年，诏诸路纲米以三分之一输送行在，余输京师。二年，诏二广、湖南北、江东西纲运输送平江府，京畿、淮南、京东西、河北、陕西及三纲输送行在。又诏二广、湖南北纲运如过两浙，许输送平江府；福建纲运过江东、西，亦许输送江宁府。三年，又诏诸路纲运见钱并粮输送建康府户部，其金银、绢帛并输送行在。绍兴初，因地之宜，以两浙之粟供行在，以江东之粟饷淮东，以江西之粟饷淮西，荆湖之粟饷鄂、岳、荆南。量所用之数，责漕臣将输，而归其余于行在，钱帛亦然"②。这样看来，漕运路线在两宋之交显得非常混乱，直到绍兴和议后，宋金以淮水为界，方才大致稳定下来。

南宋东南漕运格局③和北宋东南漕运格局是不同的，从史料上来看，两湖地区大多数粮食物资皆输送于湖北的大军，江东、江西的粮食物资皆输送于淮东和淮西，供应杭州的基本靠两浙。正如汪圣铎先生所说，南宋的漕运呈现分散状布局。④

---

① 《宋史》卷九七《河渠七》，第2393页。
② 《宋史》卷一七五《食货上三》，第4260页。
③ 关于南宋东南地区的范围，郭正忠先生认为除了四川地区之外的其他南宋领土都属于东南地区，不过南宋东南地区的主体是东南六路。江淮荆浙地区在北宋史称东南六路，南宋时也是国朝重要的物资来源地，李晓教授认为宋朝的淮南路、江南东路、江南西路、两浙路、荆湖南路、荆湖北路，习称东南六路。显然也包括了南宋时期的六路。郭正忠：《南宋中央财政货币岁收考辨》，中国社会科学院历史研究所宋辽金元史研究室编《宋辽金史论丛》第一辑，中华书局1985年版，第174页。李晓：《宋朝江淮荆浙发运司的购买职能》，《中国社会经济史研究》2004年第2期。
④ 汪圣铎：《两宋财政史》，中华书局1995年版，第567页。

这样看来，南宋东南漕运格局出现了比较大的变化，首先，漕运的目的地和北宋不一样，北宋时仅限于京师及其周边诸县，南宋时，湖南湖北上供粮食物资送达地点有三处：鄂州、岳州和荆南，这三处都驻扎有南宋的大军，湖南、湖北上供粮食虽然不像北宋那样送达京师，但是将粮食物资送达大军驻扎地，我们亦可视同具有上供中央的性质。这是从南至北方向。而江西、江东送达淮东、淮西则必须通过大江，当然，江东、江西也有物资送达杭州的，这是从西至东的方向，和北宋时期的漕运格局就有很大的不同：目的地不同，漕运路线不同，方向也不同。从漕运物资输出地点来看，荆湖、江南东西、两浙依旧是重要的物资输出地，这和北宋时期大体一致，但是对于淮南，却发生了较大变化，淮南已经不如北宋那样稳定地出产粮食物资，而是受两国军事状况影响较大。如此，则淮南的粮食物资在输送至中央的时候，一部分输送至临安，还有一部分，可以说是主要部分，输送至总领所或者总领所指定位置。最后一部分输送于鄂州①。总的来说粮食还是为驻扎于两淮的南宋大军所需。所以我们也可视同具有上供中央的性质。

（二）南宋东南漕运格局下的淮南州军

在南宋东南漕运格局下，楚扬运河已不再如北宋时代那样在漕运上起主导作用，只有出于军事需要，南宋才通过运河将物资输送至前线，淮南的物资通过运河运输至中央的时候经常受军事因素影响而停顿，一般来说，只有当军事影响因素消失后，通过运河转输物资才得以继续。和北宋不同在于，荆湖、江淮的物资输送至中央，大江成为主要路线，楚扬运河的地位已不再如北宋

---

① 《宋会要辑稿》食货四之五四，第5535页。

那般突出，虽然政府也在运河上设置漕运工程和设施，但已不如北宋那样规模巨大，倒是大江引起政府的重视，史载："国家驻跸钱塘，纲运粮饷，仰给诸道，所系不轻。水运之程，自大江而下，至镇江则入闸，经行运河，如履平地。川广巨航，直抵都城。"①从漕运来看，显然，大江较北宋时期地位更加突出。因此就淮南地区来看，最接近大江和江南运河交界处的淮南州军在辅助漕运安全上负有更大的责任，因此和州、扬州、真州在漕运上地位比较突出是可以想见的，如政府在和州、真州、扬州等地设置了若干保护和辅助漕运的设施，在和州设置了姥下河和千秋涧等战备水利②，在滁州设置了滁州堰等战备水利③。设置战备水利固然一方面是出于防敌渡江考虑，另一方面也能保证大江漕运路线的安全，特别是位于和州的大江斜对岸之江南河入口处的安全。泰州、通州等地分别设置了若干水利工程和设施，只不过这些工程和设施都不是出于漕运目的，而是出于灌溉和防备水患。南宋东南漕运格局使得淮南地区的州军较之北宋显然发生了若干变化：首先，漕运不再以运河四州为重点，特别是楚州和泗州（盱眙军）地位的衰落，和州地位相对上升，加之真州、扬州的地位依旧保持，高邮军的地位也较突出，这些都是使淮南地区的州军在漕运上的功能发生变化之影响因素。

（三）南宋淮南地区水利工程的布局

查阅相关史料，《宋会要》《读史方舆纪要》《建炎以来系年要

---

① 《宋史》卷九七《河渠七》，第 2406 页。
② 《宋会要辑稿》食货八之二五，第 4947 页。《宋史全文》卷二七上，黑龙江人民出版社 2005 年版，第 1887 页。
③ （宋）李心传：《建炎以来系年要录》卷二八，建炎三年九月庚午条，上海古籍出版社 1992 年版，第 429 页。

录》《宋史》中将淮南地区水利工程有关史料辑出：

表2—6　　　　　南宋淮南地区各州水利设施功能一览

功能\州军	楚州	盱眙军	真州	扬州	濠州	高邮军	安丰军	光州	蕲州	黄州	安庆军	无为军	和州	泰州	通州	庐州	滁州	合计	百分比
漕运	2	0	2	2	0	1	0	0	0	0	0	0	0	0	0	0	2	9	24%
灌溉	2	0	3	1	0	2	0	0	0	0	0	2	1	0	0	0	1	12	34%
蓄水	0	0	0	0	0	0	0	0	0	0	0	0	0	0	0	0	0	0	0
防水患难	3	0	0	0	0	2	0	0	0	0	0	0	2	1	0	0	0	8	22%
不详	1	0	0	1	0	0	0	0	0	0	0	0	0	0	0	0	0	2	6%
防敌	0	0	2	0	0	0	0	0	0	0	0	0	2	0	0	0	1	5	14%
合计	8	0	7	4	0	5	0	0	0	0	0	2	3	2	1	0	4	36	100%
百分比	22%	0	20%	10%	0	14%	0	0	0	0	0	6%	9%	6%	3%	0	10%		100%

由表2—6可知，出于漕运目的而修置的水利工程和设施，它的功能数占全部功能大约1/4左右，出于灌溉目的水利工程和设施的功能数达到1/3强，防备水患上升到1/5强。基本呈现漕运、灌溉、防水三种功能并立的局面。战备水利的比例虽不能和以上三者比，但也达到14%，这在以前是没有的情况。至于具体的分布，楚州、真州、扬州、高邮军依旧是水利工程和设施的重点分布州军，和州、滁州则上升为沿江主要水利工程和设施分布州军。

将以上水利工程和设施落实到示意图上，如图2—6所示。

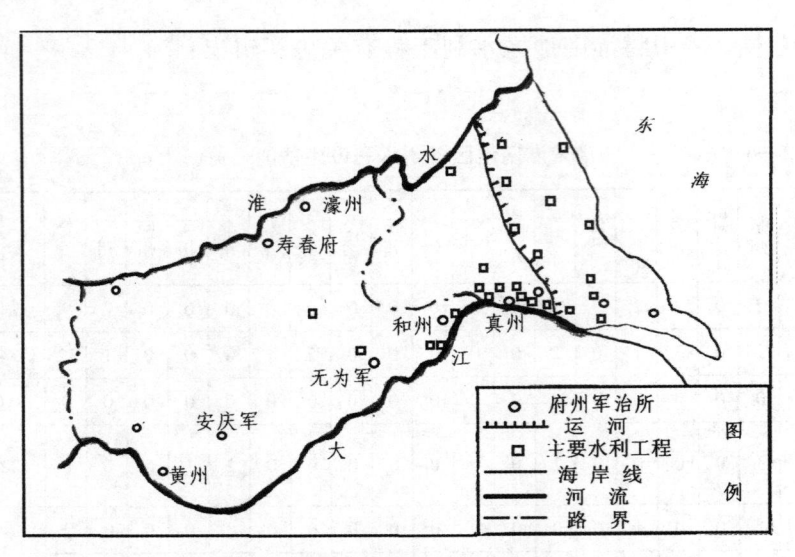

图 2—6 南宋淮南地区主要水利工程布局（1162 年）

从图 2—6 可知：首先，运河四州的水利工程分布已不再如北宋那样密集，相反，变得非常稀疏，甚至可以说，越接近两国交界越加稀少，越接近真州、和州等地的水利工程越加密集。

表 2—7　南宋淮南地区水利工程和水利设施类型数量

类型 数量	堰	河	涧	圩	塘	港	石哒	斗门	合计
	5	6	1	2	3	1	26	8	52
比例%	9.6	11.54	1.92	3.85	5.77	1.92	50	15.38	100%

表 2—8　南宋淮南地区和、扬、真、泰四州水利工程和水利设施类型数量

类型 数量	堰	河	涧	塘	港	石哒	斗门	合计
	1	4	1	3	1	13	8	31
比例%	3.2	12.9	3.2	9.6	3.2	41.9	26	100%

南宋时，本区辅助漕运的主要是石哒，大约一半左右是为辅助漕运而设，其他则出于灌溉等。南宋时期本区的漕运虽不如北宋，但是出于军事运输和非战时期的物资转输考虑，石哒依旧起到主要作用。斗门依旧是这一地区主要灌溉设施。并且和北宋时期不同，北宋时期的斗门有一部分为漕运而设，南宋时期的本区斗门的功用则彻底转为灌溉服务。水利设施主要集中于以上和、扬、真、泰四州。石哒、斗门作为主要水利设施，在灌溉上起到主要作用，由于南宋时淮南成为两国交界地区，规模较大的水利工程已不多见，故此一时期，多以较为简易的石哒、斗门等设施为主。

（四）南宋东南漕运格局与淮南水利工程布局的关系

南宋时期的东南漕运，除了荆湖地区多数缴纳于湖北的大军驻地外，其余江南东西路、两浙路都通过大江和其他河流将物资运输到淮南总领所[①]、池州大军驻扎地和杭州，淮南地区因为战争原因，不再成为南宋主要物资上供地区[②]。即便如此，大江仍然凸显其运输上的重要性，也是构成南宋东南漕运格局的重要一环，故此，南宋在大江北岸和州、滁州、真州等地设置了为数不少的水利工程和设施，出于战时运输军事物资和平时淮南物资上供考虑，扬州、高邮军、楚州等

[①] 有关总领所的研究，前人已有不少相应成果，最近的如雷家圣教授的《从转运使到总领所——两宋制钱谷政策之比较》（《云南大学宋史研究丛书·宋史研究论文集》，云南大学出版社2009年版）、《南宋高宗收兵权与总领所的设置》（《逢甲人文社会学报》2008年6月第16期）、《南宋四川总领所地位的演变——以总领所与宣抚司、制置司的关系为中心》（《台湾师大历史学报》2009年第41期），刘云的《南宋高宗时期的财政制度变迁》（《中国社会经济史研究》2007年第2期），较早的有张星久先生《关于南宋户部与总领所的关系——宋代财政体制初探》（《中国史研究》1987年第4期），等等。

[②] 斯波义信先生认为南宋时期政府对淮南地区不再规定上供祖额，不过南宋的淮南地区依旧是发送上供物资的地区，只不过送至淮南总领所或其指定位置，可将其视为具有上供中央的性质。详见［日］斯波义信《宋代江南经济史研究》，江苏人民出版社2001年版，第273页；张勇、曹卫玲《两宋淮南地区物资转输地理格局初探》，《史林》2009年第5期。

地依旧设置了一定数量的水利工程和设施，以辅助漕运。这种漕运格局的出现并定型，使得淮南地区的水利工程分布发生了变化，其一，水利工程多设置于大江与运河交汇点附近，又因军事上的考虑，为发挥运河的运输军事物资作用，扬州、高邮军等处的水利工程和设施为漕运而设置[1]，至于淮南地区的其他地方，则分布较稀，设置的主要因素也多为灌溉、防备水患。这样，就使得淮南地区在南宋的水利工程布局如下：大江与运河交界附近州军分布的水利工程和设施多为漕运和防敌而设，其他地区多为灌溉和防备水患而设[2]。如图2—6所示。

二 结论

两宋东南漕运格局经历了一个变化，北宋时六路上供之舟在真州汇集下卸，运河四州在北宋东南漕运格局中处于一个重要的地位，四州又全部落于淮南地区境内，政府相当重视这四州境内的漕运，在这四州运河经过区域设置了众多的利于漕运的水利工程和设施，这样使得北宋淮南地区的水利工程和设施在运河经过的四州境内以利于漕运的工程为主；沿大江和淮河以及内陆区域以灌溉和防备水患为主。到了南宋，南宋的东南漕运格局则呈现分散的状态，大江成为南宋东南漕运格局下淮南地区重要的漕运路线，不过由于此时淮南地区成为宋金两国交界地区，时常受到军事因素的影响，并且在大江南岸、镇江

---

[1] 有关战备水利的问题，因南宋扬楚运河在战争情况下，起到运输军事物资的功用，故设置于运河上的一部分水利设施也是从军事角度去考虑的，这部分水利设施也可视为辅助军事情形下的漕运，故这部分水利工程也可认为以漕运为出发点而设。

[2] 南宋时期淮南地区的水利工程设置出发点是运输上供物资和军事物资，虽然运输不同作用的物资，但是就设置方式来看，都受战争影响较重。就时间来看，战争时期，运输上供减少，军事物资的运输增加；和平时期，军事物资运输减少，上供物资增加，这两者的增减方向正好相反。

附近就是江南河的入口，这比较靠近淮东总领所和淮西总领所，为确保物资安全顺利运抵总领所及其指定地点，政府在淮南设置的便利漕运的水利工程和设施主要集中于真、扬、和等州。并且在和州还设置有防敌的水利工程和设施。这样，就整个南宋淮南地区的水利工程布局来看，水利工程和设施主要分布于大江与运河交汇地区，其他地区则稀稀落落地分布有为灌溉、防备水患的水利工程与设施。和北宋时期的水利布局相比，两者已经发生了相当大的变化。故我们可以说，正是因为两宋东南漕运格局的变化，使得两宋淮南地区的水利开发也发生了若干变化，这也极大地影响了淮南水利的布局。

小　结

通过以上诸节的研究，我们对于淮南地区的水利工程布局有如下的认识：

（1）对淮南地区的水利工程布局进行还原，同时在能力所及范围内将水利工程的分布以图所示，通过比较与分析，可见北宋时期淮南的水利工程以运河地区最为密集，沿江、沿淮地区水利工程少于运河地区，对各个地区的水利工程修筑出发点与工程的利弊都进行了相关的辨析后可知运河地区兴修水利的出发点是协助漕运，保有一定的运河水量、减少附近河湖对运河的影响、为农田提供灌溉水源、降低行船风险。这些都是兴修水利的积极作用。政府在沿淮水兴筑的水利工程集中于濠州和楚州，其主要出发点是灌溉、防灾，部分出于服务漕运。政府在沿江地区兴筑水利工程主要集中于舒州和泰州，其主要作用依然是灌溉和防灾。

（2）对南宋时期的水利工程分布以图表所示进行比较分析可知辅

助漕运、农田灌溉、延缓金军南下是南宋淮南运河地区水利工程修筑的主要出发点，南宋时期沿江、沿淮地区的水利工程因受多种因素影响而趋于式微，虽然运河地区依然是水利工程密集区域，不过运河地区的水利工程多偏向集中于运河地区的南部。沿江地区，特别是靠近运河的沿江地区的南部分支也成为水利工程密集分布区域。

（3）就整个淮南地区来看，其水利工程整体上已经趋向东南分布。战争是导致这种分布变化的重要原因之一。

（4）两宋东南漕运格局是一个研究热点，两宋漕运格局变化较大，这种变化和当时的宋金局势有必然的关联，和物资转输体制的变化也有一定的关系，这一部分阐述两宋漕运格局变化对淮南地区水利的影响。

第三章　宋代淮南地区茶、盐的生产和运销

宋代淮南地区最主要的物产中，茶和盐占据了重要的位置，两宋时期，这两种物资逐步成为国家的主要财政来源。有关宋代淮南地区茶业开发的研究前人有很多，只是并非专门研究，在诸多有关宋代茶业经济研究中皆有提及。

第一节　宋代淮南地区的茶业[①]

一　淮南茶的生产区域

《宋会要辑稿》中只提到淮南西路的产茶额和产茶州军，如果说产茶地域，那规模就太大了，因为淮南西路几乎全部州军都具有产茶的经历。因此，我们只能考证其主产区，如果产茶数量可以忽略不计，就可将其划出主产区。

[①] 涉及淮南茶的成果有漆侠先生的《宋代经济史》、郭正忠先生的《宋代盐业经济史》、黄纯艳的《宋代茶法研究》、李晓的《宋代茶业经济研究》、汪圣铎的《两宋财政史》、孙洪升的《唐宋茶业经济》等。

就淮南路分来看，淮西显然是茶的主产区。淮东也未必不产茶，扬州蜀冈也产茶，淮南西路的大别山区是淮南海拔较高的地方，属于淮南山丘区，即淮河以南的大别山区及其四周的丘陵地区，西接桐柏山，东至溮河，东西长250公里，南北宽约100公里，面积约2.8万平方公里。这一地区气候温和，雨量充沛，适宜种茶。

有关淮南路各州军买茶额度："淮南路东路，黄州麻城场：年额二十一万七千四百八斤；蕲州三场，洗马场：年额百二十二万一千八百八十七斤；石桥场：二百万四千七百二十九斤；王祺场：五十七万三千八百三十二斤。寿州三场，霍山场：年额八十四万五千六十四斤；麻步场：四十二万三千六百斤；开顺场：三十六万八千八百三十八斤。光州三场，光山场：年额十八万八千一百九十一斤；商城场，三十八万三千二百六十三斤；子安场：十三万三千五百六十二斤。舒州二场，罗原场：年额三十万八千一百五十斤；太湖场：百二十一万四千一百四十八斤。庐州王同场：年额七千七万六千一百二十七斤。凡十三场，皆课园户焙造输卖或折税，以备榷货务商旅算请。"① 可见，这十三个山场光买茶就达到年八百万斤，更何况十三山场年生产额了。淮西的茶基本生产区域在于淮西六州。其中，蕲州的三个茶场生产数额最大，达到了十三山场买茶额的一半左右。这些场基本不设置于州军首府，并且还有一些茶场直接设置于州军所属某一镇上，如石桥场、开顺场。

二　茶在淮南的运销

淮南茶的行销可分成两个部分来叙述，一部分是淮南本地出产茶

---

① 《宋会要辑稿》食货三之六，第5310页。

之运输销售；另一部分是江南之茶经过淮南运销于其他地方。前人研究茶业，有两个着手之处，首先是概论性的研究，如李晓的《宋代茶业经济研究》，虽然也涉及具体某个区域，如东南七路、四川等，但毕竟着墨不多，基本还是以论为主。笔者以为，就研究本身来看，往细部去做，采取立在区域的角度乃是方法之一，我们站在淮南的立场去研究淮南茶也是出发点之一。

北宋时期，政府在淮南大别山区设置十三山场，"在淮南，则蕲、黄、庐、舒、寿、光六州，官自为场，置吏总之，谓之山场者十三，六州采茶之民皆隶焉，谓之园户……"① 十三山场是官方管理和销售机构。这些山场的特点之一是管理，同时兼收茶。"其售于官，皆先受钱而后入茶，谓之本钱。"② 预先发送本钱是山场职责的一部分。同时其又卖茶。首先，这些山场从园户手中以纳税和鬻买形式接纳茶货，一种是园户以茶当税，"岁课作茶输租，余则官悉市之……又民岁输税愿折茶者，谓之折税茶"③。并且余下的卖给官府。大中祥符八年十月丙戌"发运使李溥，言江浙诸州军、淮南十三山场，今岁入茶二千九百六万五千七百余斤，视旧额增五百七十二万八千余斤"④。然后卖给商人，"凡民鬻茶者皆售于官，其以给日用者，谓之食茶，出境则给券。商贾之欲贸易者，入钱若金帛京师榷货务，以射六务、十三场茶，给券，随所射与之，谓之交引"⑤。十三山场不直接发送茶

---

① （宋）李焘：《续资治通鉴长编》卷一，天圣元年正月壬午条，中华书局1992年版，第2312页。

② 同上。

③ 《宋史》卷一八三，第4477页。

④ （宋）李焘：《续资治通鉴长编》卷八五，天圣元年正月壬午条，中华书局1992年版，第1953页。

⑤ （宋）李焘：《续资治通鉴长编》卷一，天圣元年正月壬午条，中华书局1992年版，第2313页。

引或接纳现钱，它只是在接受园户卖茶时发送现钱。这样园户就演变成一种具有雇佣性质的人员，提供的仅仅是一种劳役。

淮南茶采摘下来之后，先收贮在十三山场里，等待商人前来凭茶引取货。取茶的商人分两种：一种是纳现钱于京师榷货务，然后凭茶引来十三山场取茶货的商人，相当于买卖分开。京师榷货务是设置于京师的一个管理地方上（包括淮南）输纳于中央物资的机构，并接受商人出现钱换取茶引。在得到茶引后，商人可到六榷货务或者十三山场买茶。如："若依此施行，即在京榷货务入便，得客人山场买茶本钱相兼支用，诸处小客将行货买茶经过沿路州县，又各收得税利，并官中收贴射净利，悉去虚钱数目，又不支脚钱本，免买下低弱茶货，算卖不行。兼园户既不于官场请本纳茶，且免山场上下邀难侵剋，商贩大行，民间遍及。今详定为便，请颁下施行。应客旅于山场买茶赴官场贴射，并于在京榷货务纳净利实钱，每百千为则，内五十千见钱，五十千金、银、绸绢、小绫，如无本色，即纳见钱。"① 这个机构并不直接向商人供茶。

还有一种是前文提到过的，北宋为吸引商人到西北沿边运粮，以茶引为筹码，减价供给商人淮南茶。这是宋代通过经济手段满足军粮运输的办法之一。北宋中前期，为防御辽和西夏的侵扰，北宋政府在边境驻扎了大量的军队。使得北边军粮需求旺盛，政府实施入中政策，以鼓励更多的粮商运粮至北边，允许商人以运输的粮食换取茶引，到淮南取茶。为吸引粮商运粮到北边，政府就采取了降低茶引之价格，让利于商人的办法。这样做的目的在于吸引更多的商人输纳粮食到边境。但是这样容易导致茶引价格暴跌。茶引价格下跌，又使得

---

① 《宋会要辑稿》食货三之五，第5321页。

商人入中后能获取更多的茶引,所以商人换取越来越多的茶。不过茶利是有限的,茶引付出越多,商人获利越多,则政府收入越少。负面效应也随之而来。如政府自己都说淮南十三山场"岁才得息钱三万余缗,而官吏廪给不与焉"①。又说:"蕲州市茶本钱视镇戎军粟直,反亡本钱三之一,所得不偿……"②又言:"时又将弛茶禁而收其征,召长卿议,长卿曰:'本祖宗榷茶,盖将备二边之籴,且不出都内钱,公私以为便。今之所行,不足助边籴什一,国用耗矣。'"③这样,就形成了淮南十三山场、京师榷货务、西北沿边这三者之间的关系。其中,京师榷货务和西北沿边都是可以派发茶引的地方,淮南十三山场则是提取茶货之处。这样,淮南茶除了销售给携带茶引的商人外,还有为了国家的大政方针实施而做的贡献。

除了淮南出产之茶的运销外,另外其他地区的茶之运销也离不开淮南。我们在论述榷货务和十三山场关系之时,顺带论述这个问题。

政府又在真州、海州、汉阳军、无为军、蕲口、江陵设置了六个榷货务,专门发售各地运输过来的茶,淮南茶是否也运输至上述六榷货务销售?李晓的《宋代茶业经济研究》中对淮南十三山场既买又卖有过比较深入的研究④,但是对此问题却没有提及。为什么提出这个问题,因为淮南十三山场与其他各处的销售机构不同,它不仅管理,还收售茶,具有两种功能。商人要购买淮南茶,那么在京买得茶引,可不必去六榷货务,而只需要到十三山场直接买茶即可。关于这两者

---

① (宋)李焘:《续资治通鉴长编》卷一,天圣元年正月壬午条,中华书局1992年版,第2314页。
② (宋)李焘:《续资治通鉴长编》卷一二,天圣二年七月壬辰条,中华书局1992年版,第2360页。
③ 《宋史》卷三三一《孙长卿传》,第10642页。
④ 李晓:《宋代茶业经济研究》,中国政法大学出版社2008年版,第141页。

的关系，史载：大中祥符"六年四月三日，三司言：'准诏，参定监买茶场官赏罚条式。今请除沿江六榷务、淮南十三场外，江浙、荆湖诸州买茶场自今纳到入客算买茶及得祖额，迁年前界有羡余者，依元敕酬奖；亏损者依至道二年敕，一厘以上夺两月俸，七厘以上夺两月半俸，九厘以上夺一季俸，仍降差遣。其买到不入客算茶数于祖额，迁年前界羡余，并不理为劳绩。'"① 又言：天禧六年"十二月九日，权三司使范雍言：淮南十三山场并六榷务买卖茶货各有祖额，累有条制劝诱园户及时将真正好茶入官卖"②。这说明，六榷货务和十三山场在销售茶货时的地位是平等的，各有自己的任务。其他路份各州军自行收购，然后运输至各榷货务。天圣六年"六月，制置发运使钟离瑾言：'江浙、荆湖诸州军逐年买下茶货，般装赴沿江榷务……'"③，设置于淮南的沿江榷货务也承担起销售之责。关于六榷货务收纳物资来源，"江陵府务受本府及潭、赣、澧、鼎、归、峡州茶，祖额三十一万五千一百四十八贯三百七十五文；真州务受洪、宣、歙、抚、吉、饶、江、池、筠、袁、潭、岳州、临江、兴国军茶，祖额五十一万四千二十三贯九百三十三文；海州务受杭、越、苏、湖、明、婺、常、温、台、衢、睦州茶，祖额三十万八千七百三贯六百七十六文；蕲州蕲口务受洪、潭、建、剑州、兴国军茶，祖额三十六万七千百六十七贯一百二十四文。无为军务受洪、宣、歙、饶、池、江、筠、袁、潭、岳、建州、南康、兴国军茶，祖额四十三万五百四十一贯五百四十文；汉阳军务受鄂州茶，祖额二十一万八千三百一十一贯五十

---

① 《宋会要辑稿》食货三之四，第5320页。
② 《宋会要辑稿》食货三之八，第5322页。
③ 《宋会要辑稿》食货四六之一一，第5609页。

一文"①。六榷货务只是一个接纳各地输茶处，不需给各地现钱，可以在榷货务所在地出售。故不存在一种先后顺序，淮南十三山场不必将自己收来之茶运输至六榷货务出售。其中，在淮南路分管辖范围内有真州、海州、蕲口、无为四务。可见淮南路分在江南茶的运销上起到了重要作用。虽然，本地茶并不存贮于以上四务，但在存贮其他地方之茶的基础上却是有重要作用的。还有一点我们必须明白，就是某一州军之茶，并不存贮于一地，如潭州之茶就存贮于江陵府务和无为军务、真州务三地。存贮于真州之茶还作为上供运输至京师。如"天圣九年三月辛巳，三司请在京榷货务入末盐钱岁以百八十万三千缗……真州转般茶仓岁以二百五十纲为定额"②。

真州在管理、收储茶机构之设置上较其他地方来说比较特殊。北宋政府在真州设置榷货务，负责收纳各地送纳的茶盐，如北宋时的茶，"真州务受洪、宣、歙、抚、吉、饶、江、池、筠、袁、潭、岳州、临江、兴国军茶，祖额五十一万四千二十三贯九百三十三文"③，作为沿江六榷货务之一的真州榷货务负担了江南西路，荆湖南路部分地区的茶之收纳。商人从京师榷货务以现钱换取交引，到达真州榷货务，换取其所存贮的茶，此时商人和真州榷货务之间没有直接的现钱交易，而该榷货务存贮茶，只见引才交付。到了南宋，政府在镇江和杭州分别设置了榷货务。"绍兴五年（三月）癸卯，移镇江榷货务都茶场于真州。"④ 淮南地区在南宋时产茶已不占重要地位，基本退出了全国植茶分布区域。真州都茶场不如北宋榷货务那样有大批量存贮

---

① 《宋会要辑稿》食货二九之七，第5311页。
② （宋）李焘：《续资治通鉴长编》卷一一〇，天圣九年三月辛巳条，中华书局1992年版，第2557页。
③ 《宋会要辑稿》食货二九之七，第5311页。
④ （元）佚名：《宋史全文》卷一九中，黑龙江人民出版社2005年版，第1163页。

的功能，商人在此交现钱，然后取茶引至产茶区域领茶，真州都茶场成了一个买卖茶引的机构了。南宋时代，真州始终没有存贮过淮南茶。

三　宋代茶业管理办法在淮南的实施

早在太平兴国二年二月，政府就颁布法令，禁止私人贩茶。"有司言：'江南诸州榷茶，准敕于沿江置榷货八务，民有私藏茶者，等第科罪；匿而不闻者，许邻里论告第赏金帛有差。仍于要害处张榜告示。'从之。"① 其出发点就是使得封建国家茶利最大化，补充其财政来源。乾德年间，榷淮南茶，于当地和京师设榷场多处。如："徽宗崇宁元年十二月八日，尚书右仆射蔡京等言：'……淮南……七路产茶，自乾德二年立法禁榷，官置场收买，许商贾就京师榷货务纳钱，给钞赴十三山场、六榷货务。'"② 通过榷茶制度，政府切断了商人和园户的直接联系，园户只能将茶卖给政府，这就使得对园户的初次剥削完全掌控于政府手中。如："今欲将……江淮……七路州军所产茶依旧禁榷，选官置司，提举措置，并于产茶州县随处置场，官为收买，更不于人户税上科纳，禁客人与园户私相交易。"③ 园户私卖茶叶给政府以外之人是要受到惩罚的。如朝廷派到淮南巡视的监察御史刘蟠就曾经骑马伪装做商人到园户家买茶，园户信以为真，卖茶给他，刘蟠当即"擒之以法"。④ 同时政府还对捕捉贩卖私茶有功的官员予以赏赐。"（绍圣）三年五月二十四日，江淮荆浙等路制置发运司言：

---

① 《宋会要辑稿》食货三之一，第 5319 页。
② 《宋会要辑稿》食货三之三一，第 5334 页。
③ 《宋会要辑稿》食货三之三二，第 5334 页。
④ （宋）李焘：《续资治通鉴长编》卷一五，开宝七年五月甲寅条，中华书局 1992 年版，第 319 页。

'官员躬亲捕获私茶，累及一万斤至十万斤，等第推赏；未获犯人者，以三比一；差人捕获者，以三之半比一。从之。'"① 苏辙记载："茶之有榷与税非古也，特就其便于今者言之。有以为榷便，曰：'凡所以备边养兵者皆出于榷。然江淮之间，以私茶死者，不可胜计。'"② 同时，中央政府还对茶场的官员使用办法进行改革，以提高其运作效率。如："大中祥符九年六月，李溥请省淮南十三场提点使臣，每年旋差使臣四人分定场分买纳，并与逐场，隔手算卖。从之。先是，景德中改法之后，常遣使臣三人，分场提点，率以三年一替。在任既久，多与场务款熟，无所振举，故厘革之。"③

到了北宋中期，政府入中策略的实施，使得政府在淮南地区和商人争夺茶利时已明显处于下风。为改变这种局面，政府积极改变榷茶政策，不再采取官榷的办法，允许商人直接和园户打交道，参与茶售。此为贴射法。贴射法是北宋官方仅在淮南实施的办法。而官府收取息钱，"计置司首考茶法利害，奏言：'十三场茶，岁课缗钱五十万，天禧五年才及缗钱二十三万。……是则虚数虽多，实用殊寡。'因请罢三说，行贴射之法。其法以十三场茶买卖本息并计其数，罢官给本钱，使商人与园户自相交易，一切定为中估，而官收其息"④。但即便如此，也不能阻止茶利大部分让商人占有。"如鬻舒州罗源场茶，斤售钱五十有六，其本二十有五，官不复给，但使商人输息钱三十有一而已。"⑤ 贴射法和官榷相比变化很大，有学者认为其依旧是专卖

---

① 《宋会要辑稿》食货三之二八，第5332页。
② （宋）苏辙著，陈宏天、高秀芳点校：《苏辙集》卷第二一《私试进士策问二十八首》，中华书局1990年点校本，第359页。
③ 《宋会要辑稿》食货三之四，第5320页。
④ （宋）李焘：《续资治通鉴长编》卷一，天圣元年正月壬午条，中华书局1992年版，第2314页。
⑤ 同上。

制度的一种形式①。有学者认为北宋后期蔡京茶法是脱胎于贴射法这个母体，也是它的一个转变②。

北宋嘉祐年间，政府开始实施通商法。"园户之种茶者，官收租钱；商贾之贩茶者，官收征算，而尽罢禁榷，谓之通商。"③政府在淮南地区废除贴射法，政府不再向园户预付本钱购买茶叶，而是收取租钱，每年随二税缴纳。商人可以继续和园户自由交易，并缴纳商税。通商法和贴射法就内容来看，还是有联系性的，至少放手让商人和园户自相交易是以前不曾有的现象。可以说贴射法乃是专卖法之中包含有通商影像的一个过渡阶段。

北宋淮南茶业管理办法的演进大体上沿着从专卖向自由贸易发展，市场成分越来越多地渗入其内。严格地说，这不是政府能够控制的，这是社会经济发展的结果。

第二节　宋代淮南地区的盐业

宋代盐业中，淮南盐区比起其他产盐区来说，占有更重要的地位，史载："宋朝就海论之，惟是淮盐最资国用。"④又说："比岁运河浅涸，漕挽不行，远州村民，顿乏盐食，而淮南所积一千五百万石，至无屋以贮，则露积占覆，岁以损耗。"⑤可见淮南盐产量是非常巨大的。北宋时代，淮南盐区主要分布于海州、楚州、泰州、通州。

---

① 李晓：《宋代茶业经济研究》，中国政法大学出版社2008年版，第146页。
② 吴树国：《北宋蔡京茶法改革新论》，《史学集刊》2010年第6期。
③ （元）马端临：《文献通考》卷一八《征榷考五·榷茶》，中华书局1986年版，第175页。
④ （宋）吕祖谦：《历代制度详说》卷五《盐法说详》，文渊阁《四库全书》，台湾商务印书馆1983年版，第923册，第943页。
⑤ （元）马端临：《文献通考》卷一六《征榷三》，中华书局1986年版，第160页。

这几个州有较长的海岸线,且受海洋影响较大,并不适宜作耕地。如"至本朝天圣改元,范仲淹为泰州西溪盐官日,风潮泛溢,淹没田产……"①从谭其骧先生的《中国历史地图集》来看,淮南地区东部的台州、盐城、海门、通州静海在今天虽然离海岸线较远,但在宋代却都是靠近海岸线的地区,如"通州治静海县,旧去海七十里,今止十里"②。"若……泰……等州,为海水隈奥曲折,故可成盐。其数亦不等,唯隈奥多处则盐多……"③此处的海岸线比较曲折,这样容易使土地卤化,就为制盐奠定了基础。

有关淮盐产区的情形前人研究已经非常多,兹不赘述,下面仅以行销地区的变化与产区地理变化来阐述相关问题。有关淮南盐的问题,最近梁庚尧先生已有专门论述④,下面笔者仅就几个梁先生没有或者不作为重点的地方展开论述。

一 淮南盐区的生产

两宋淮南盐区生产如何?我们可就生产资料、盐价、盐本以及对本区私盐的处理等来进行考察。

先看亭户的生产资料。北宋时期,淮南盐场里煮盐的人称为亭户,北宋政府在此设置盐监来管理各个盐场。政府把亭户编入各个盐监,亭户每年要以盐作税并将税后剩盐卖给官府,亭户还可以有自己的一部分土地,但是这部分土地政府一般不许挪作他用。耕牛是亭户从事生产必备资料之一。亭户耕牛来源主要依靠官置:亭户有需要的

---

① 《宋史》卷九七《河渠志》,第2394页。
② (宋)方勺:《泊宅编》,中华书局1983年版,第88页。
③ 同上书,第79页。
④ 梁庚尧:《南宋盐榷——食盐产销与政府控制》,台湾大学出版中心2010年版。

即行购买。"仁宗天圣元年六月十四日,三司盐铁判官俞献卿言:'奉诏与制置茶盐司同规划淮南通、泰、楚州盐场利害:一、诸处盐场亭户是无牛具者,许令买置,召三人已上作保,赴都盐仓监官处印验收入簿帐,给与为主,依例克纳盐货,不得耕犁私田,借贷与人。'"① 官方主要依靠真州榷货务购置。"真州榷务每年入中耕牛二千头,分给逐州亭户,犁、盐各有元定等第价例,及添饶钱数支与客人腊茶。"② 同时为使得亭户能够在煮盐之外,专心于农桑,以至于连盐场附近的酒店都被勒令开张于十里之外。"盐场围侧近各有酒店,致亭户多饮酒,怠堕农桑,兼聚集不逞之人兴贩盐货,欲望自今并令离亭围十里以外开张,如不愿出外者,即依例停闭。诏三司详定以闻。"③ 从偿还方式上看,一般采取亭户以盐抵牛价给政府的办法。"大中祥符八年,制置发运使李溥擘画估计耕牛价钱依丁额等盐例,每一贯纳六石,自添起盐数。亭户填纳不易,多欠牛盐,今请依咸平二年敕施行。"④ 就亭户的生产生活方式来看,颇类似于一种与外界隔离的生存状态。

再看成品盐的价格。"仁宗天圣元年六月十四日,三司盐铁判官俞献卿言:'……盐场亭户卖纳盐货,每三石支钱五百文。'"⑤ 每石盐亭户可得钱 200 文不到,可能考虑到亭户收入太低,而负担又太重,后"缘亭户赴仓往回二百余里,今乞於正盐三石元定价钱五百文省上,依海州、涟水军例,添钱一百文省"⑥。考虑到省陌因素,每石

---

① 《宋会要辑稿》食货二三之三一,第 5190 页。
② 同上。
③ 《宋会要辑稿》食货二三之三二,第 5190 页。
④ 《宋会要辑稿》食货二三之三一,第 5190 页。
⑤ 同上。
⑥ 《宋会要辑稿》食货二三之三二,第 5190 页。

价格不足 200 文是可以肯定的。这是北宋前期的大致价格。

再看盐本的来源。盐本来源于各路分的上供钱。"（政和二年五月二十二日）诏于诸路合起上供钱内截拨，发钱四十万贯，令两浙、淮南路提举盐事拘收，均拨逐路盐场充盐本支用，仍逐旋具的实，截过窠名钱数，申尚书省。"① 另一来源是赏赐的封桩钱："崇宁二年九月十四日，诏赐封桩钱，淮南路二十万贯，两浙路十万贯，充盐本。"②

后期对盐本管理的不到位对亭户生活造成了极大的影响。"绍圣三年正月九日，发运司言：'淮南亭户例贫瘠，官赋本钱岁六十四万缗，皆倚办诸路以故，不时至民无所得钱，必举倍称之息，或鬻凭由，不能得直之半，是以多盗卖而负官课。欲拨本司籴本钱十万缗给亭户，犹云不足。以凭由界之，即欲质于官，则据凭由与十之七而蠲其息，它日盐本钱集，给还三分钱，取凭由毁之。即官吏邀阻取受，论如法。'从之。"③ 政府在采购其他物资时也曾一度挪用盐本钱，"先是，真州申请所用买木等钱二万余贯，于盐本钱内权借支用。至是又称：提举木筏所公文，取拨钱一十六万贯，于宣、池州买木。提举茶盐司奏请，故有是命。"④ 后政府对挪用有所节制。"政和二年十月二十八日，诏令发运司将应缘东南收买材植物料等合用价钱，并仰依元降指挥，划刷官卖盐增添钱内支拨应副，其借拨盐本钱指挥更不施行。"⑤

北宋盐之上供分陆路运输和水路运输，"陆路转输于京师者……

---

① 《宋会要辑稿》食货二五之六，第 5217 页。
② 《宋会要辑稿》食货二四之三七，第 5213 页。
③ 《宋会要辑稿》食货二四之三一，第 5190 页。
④ 《宋会要辑稿》食货二五之七，第 5218 页。
⑤ 《宋会要辑稿》食货二五之六，第 5217 页。

通、泰、楚、海四州煮海之盐,以供陆路者三百二十余万石……"①有时政府会因为气候寒冷而推迟陆路运输至京的时间,如:天禧元年十二月"乙亥,诏……淮南路,上供陆运方在苦寒,可遣使驰往告谕,在道者随处交纳,其部送牙校所给口粮勿停,来春辇送赴阙"②。淮东四州之盐一部分置于真州转般仓,各路分的漕船卸下粮食在真州装上盐再开回各州。"止令逐路据年额斛斗般赴真、楚、泗州转般仓,却运盐归本路发运司。"③

北宋淮南地区私盐出现的原因:

> 淮、浙之民所以不免于私贩,而灶户所以不免于私卖者,以官之买价贱而卖价贵耳。今吾贱买而贱卖,借如每斤官三钱得之,则以四钱出之,盐商私买于灶户,利其贱耳,贱不能减三钱,灶户均为得三钱也,宁以予官乎?将以予私商而犯法乎?此必不犯之道也。此无异于儿童之见。东海皆盐也。苟民力之所及,未有舍而不煎,煎而不卖者也。而近岁官钱常若窘迫,遇其急时,百用横生,以有限之钱,买无穷之盐,灶户有朝夕薪米之忧,而官钱在期月之后,则其利必归于私贩无疑也。食之于盐,非若饥之于五谷也。五谷之乏,至于节口并日,而况盐乎?故私贩法重而官盐贵,则民之贫而懦者或不食盐。往在浙中,见山谷之人,有数月食无盐者,今将榷之,东北之俗,必不如往日之嗜咸也,而望官课之不亏,疏矣。且淮、浙官盐,本轻而利重,虽

---

① 《宋会要辑稿》食货四二之二,第5562页。
② (宋)李焘:《续资治通鉴长编》卷九,天禧元年十二月乙亥条,中华书局1992年版,第2088页。
③ 《宋会要辑稿》食货四二之一九,第5571页。

有积滞，官未病也。今以三钱为本，一钱为利，自禄吏购赏修筑廥庾之外，所获无几矣。一有积滞不行，官之所丧，可胜计哉！失民而得财，明者不为。况民财两失者乎？①

很明显，首先，官方从亭户手中买盐的价格较低，但出售却贵。私盐一般从亭户手中买价高于官方出价，售价却低于官方。其次，官方买盐的资金到位不够及时，这也是淮南盐出现私贩的原因之一。政府在淮南实行禁盐政策是第三个原因，至道二年"十一月。先是，淮南十八州军，其九禁盐，余则不。商人由海上贩盐，官倍数取之。至禁地，则上下其直。民得商盐之贱，故贩者甚众，至有持兵器往来为盗者"②。且政府对私贩者实施打击。"淮民多盗贩盐，制置使建言，满二十斤者皆坐徒。绛曰：'海滨之人，恃盐以为命，非群贩比也。'笞而纵之。"③ 政府官员并不完全反对政府禁止私盐，如范仲淹就曾经建议政府放开盐禁可向后推移，他在奏折中说："茶盐商税之入，但分减商贾之利耳，于商贾未甚有害也。今国用未省，岁入不可缺，既不取之于山泽及商贾，必取之于农。与其害农，孰若取之于商贾？为今计，莫若先省国用；国用有余，当先宽赋役，然后及商贾，弛禁非所当先也。"④ 范仲淹虽然不赞成弛禁，但也不主张全禁。最后，官盐质次，私盐物美。苏颂说："臣伏见淮南一路财赋之数，最为浩繁，尤籍每岁卖盐额钱一百余万贯资助经费。而近岁以来，连并不敷。议

---

① （宋）苏轼著，郎晔选注，庞石帚校订：《经进东坡文集事略》卷第四三，中华书局香港分局 1979 年版，第 749—750 页。
② （元）佚名：《宋史全文》卷四，黑龙江人民出版社 2005 年版，第 164 页。
③ 《宋史》卷三四三《元绛传》，第 10906 页。
④ （宋）范仲淹撰，薛正兴点校：《范仲淹全集·附录一》《议驰茶盐禁》，凤凰出版社 2004 年版，第 697 页。

者咸谓不能禁绝私贩之人，侵夺公利而致然耳。且濒海之地，泻卤所生，而又宿、亳诸州连接京东、西通商地分，贩者不宿昔而获厚利，虽峻以刑诛，亦不可禁绝。加以私货美而价贱，官货恶而价贵。民间既利于私易，则官盐无由出卖得行，往往只是抑配与坊郭人户及过往舟船，如此课额何从而登办也。"① 为了将质次的官盐推销出去，政府实施抑配的办法。"时赋盐亏额，滁亦苦抑配。（梅）执礼曰：'郡不能当苏、杭一邑，而食盐乃倍粟数，民何以堪？请于朝，诏损二十万，滁人德之。'"②

二 淮南盐的运销

（一）淮南盐的主要运销路线

北宋中前期食盐实行官榷，不许私人贩运，故公开的私人贩运还属于政府严禁之列，淮盐的运输还是以官方为主。一条是从盐区输送进京，此条路线和淮南地区其他物资运输路线是一致的，均以汴河为主要运输路线。各个盐区通过支流河道将盐输送于运河区域的转般仓并存贮，一部分等待上供京师，另外一部分为从京师榷货务取得盐引的商人取盐做准备，第三部分为从各州装载粮食物资输送至运河区域的返航空船做准备。"江、湖上供米，旧转运使以本路纲输真、楚、泗州转般仓，载盐以归，舟还其郡，卒还其家。"③ 这些来自江南和湖广的上供船在运河区卸下上供物资，再装上存贮于转般仓的盐回本州销售。如："凡盐之入，置仓以受之，通、楚各一，泰州三，以受三

---

① （宋）苏颂撰，王同策等校：《苏魏公文集》卷二〇《奏乞减定淮南盐价》，中华书局1998年版，第270页。
② 《宋史》卷三五七《梅执礼传》，第11233页。
③ 《宋史》卷一七五《食货上三》，第4252页。

州盐。又置转般仓二，一于真州，以受通、泰、楚五仓盐；一于涟水军，以受海州涟水盐。江南、荆湖岁漕米至淮南，受盐以归。"① 徐的"以兵部员外郎为淮南、江、浙、荆湖制置发运副使。奏通泰州海安、如皋县漕河，诏未下，的以便宜调兵夫浚治之，出滞盐三百万，计得钱八百万缗"②。

淮盐的运输还以位于盐区的漕河为重要环节，如：熙宁八年十月辛亥"诏：闻通、泰州漕河不通，自春至今，留滞盐纲四百余舟。其令江、淮等路发运司未得疏泄陈公塘水，委侯叔献相度引注沟河，通行盐纲"③。

南宋时期，盐不再以官般官运为主，由商人在榷货务交纳现钱取得盐引，然后前往盐区取盐，所以南宋时期检讨运输路线则不如北宋那样有较重要的意义。

（二）淮盐地位与淮浙盐行销地区的变迁

论及淮盐的地位，史载："论广盐不可榷，淮盐不可弃。祖宗时解安尤有池，今为盗区。川陕尤有井，今为敌境。所恃者惟淮，而淮之盐，今又荡为腥血之场。嗟夫！国家三百年，生聚之民饮食者在此，蓄养士卒俸给者在此。军需、和籴亦立赖焉。一旦尽弃之敌，无一人能为国家办，而乃仰给于一隅之广。其何以为经久之谋乎！"④ 可见，两宋时期，淮南盐成为国家各项开支的重要来源。不过淮南盐的地位在两宋始终处于不断变化中，北宋建国后，其主要的盐产区有山

---

① 《宋史》卷一八二《食货下四》，第 4438 页。
② 《宋史》卷三《徐的传》，第 9969 页。
③ （宋）李焘：《续资治通鉴长编》卷二六九，熙宁八年十月辛亥条，中华书局 1992 年版，第 6604 页。
④ （明）杨洵、陆君弼等纂修：《万历扬州府志》卷八《古今鹾略》，书目文献出版社 1988 年版，《北京图书馆古籍珍本丛刊》，第 324 页。

西的解盐区、淮南的淮盐区、四川的井盐区、广东的广盐区等。淮盐在宋初产量中占据了半壁江山,最高达到全国盐产量的51%①,一度超过了山西的解盐,占据了全国头名。但这个时期的最高产量2154000石还没有达到它两宋时期的最高峰。淮南有比较合适的产盐条件②。由于海岸线多曲折,容易使海岸线附近的土地卤化,而土地的卤化又是制盐的必要条件。仁宗时期,产量有所下降,和宋初相比下降了70多万石,只占全国1/3左右,考察其原因,其一:政府对亭户盐本的克扣。盐本是支持亭户进行生产的主要资金,没有盐本,亭户很难维持基本的盐生产。随着时间的推移,官方多拖欠、克扣盐本,同时亭户经常处于贫困状态,这样,亭户的生产受到很大影响,产量下降也就成为必然。这也造成亭户生产不足,经常拖欠国家应纳赋税,政府不得不对贫困的亭户进行减免。大中祥符五年四月"壬子,除通、泰、楚州盐亭户积欠丁额盐十四万石"③。其二,淮南官盐质量下滑,价格居高不下,销路因此受到很大影响,销售不畅客观上也使淮盐产量下降。私盐的贩卖,客观上也使得官方销售数量减少。"初,江、湖漕盐既杂恶,又官估高,故百姓利食私盐,而并海民以鱼盐为业,用工省而得利厚,由是盗贩者众。又贩者皆不逞无赖,捕之急则起为盗贼。而江、淮间虽衣冠士人,狃于厚利,或以贩盐为事。"④ 而又言:"(至道二年八月)江、淮发运使杨允恭,捕贩私盐贼三十九人送阙下,上悉贷之,因顾左右曰:此等越逸江湖,习性已

---

① 汪圣铎:《两宋财政史》,中华书局1995年版,第695页。
② 同上。
③ (宋)李焘:《续资治通鉴长编》卷七七,大中祥符五年四月壬子条,中华书局1992年版,第1762页。
④ (宋)李焘:《续资治通鉴长编》卷一九六,嘉祐七年二月辛巳条,中华书局1992年版,第4739页。

久，固不能工作矣，可团为一军，以备舟檝之役，号曰平河。"① 一次抓捕私贩之人达三十名之多，可见私贩已经成为影响淮南盐业的问题了。

南宋初期的宋金战争使淮南地区成为战场，淮南盐的生产遭受了很大影响，亭户逃跑死亡者众多，对政府的财政收入影响很大。宋金和议，淮南地区逐步走上稳步发展的道路，由于战火，盐场遭受严重破坏，政府制定了招徕盐业生产人员的措施，并对亭户实施安抚政策，如有亭户在战火之前犯罪，除去杀人罪外所犯罪行一切不问，尽可能多地招抚人员归来进行生产。如：绍兴三年三月"二十二日，提举淮南东路茶盐司言：'管下通、泰州、涟水军诸煎盐场，旧来亭户本司不住招诱归业，其亭户昨缘累遭兵火，其中不无被胁从因而作过之人，今来累该赦宥，诸处官司尚据陈论追究，使亭户不能安居，妨废盐作；或有在江南之人，缘此不能归业。欲望详酌应已归业亭户，其兵火以前罪犯特免追究。'诏：'淮南未归业亭户，比附绍兴二年九月四日已降赦恩，限一月许令出首还业，其兵火以前罪犯，除恶逆已上及劫杀、谋杀、故杀、斗杀，兼为亲下手已杀人外，余并一切不问，仍自今降指挥到日理限。其已归业人兵火以前罪犯亦依此贷免。若于今来限外出首，并归业因被苦之家陈诉者，只将杀人首恶及同谋下手人理断，其余并免追证。仍令提盐司多出文榜晓谕。'"② 亭户的生活资料来源为何？绍兴二年十一月"三十日，淮南东路提举茶盐司言：'本路累经兵火，亭户未肯归业，今具本路盐价及支散钱、牛接济等下项：盐每算支钱一贯六百文足，额外每一算一贯九百文

---

① （宋）李焘：《续资治通鉴长编》卷四，至道二年八月条，中华书局1992年版，第850页。

② 《宋会要辑稿》食货二六之十一，第5239页。

足。归复亭户每户上等支钱四十贯文，中等钱三十五贯，下等钱三十贯文，生添灶座，每二灶支修灶钱五十贯文，先次给牛四头。如遇阴雨或冬寒，本司支散钱米接济。诏令逐州军镂板遍于县镇乡村分明晓示．'"①

经过南宋政府实施多种办法后，淮南的盐产量上升，并超过了北宋的最高峰②，达到 2683711 石，在数量上达到了两宋最高值，不过在占有率上只达到 39.7%，不及北宋③。由于宋政府丧失了半壁江山，丢失了解盐区这个黄河以北最大的盐产区，而盐作为南宋主要的财政来源，又不能降低产量。从淮南产区面积来看，海州没于金，只能依靠楚州、泰州、通州来维持生产，在面积减小的情况下，也只能加大各个产盐州军的产量来维持或者增加总产量，以资国用。综上，在北宋初期，淮南盐全国占有率超过 51%，位居全国第一。④ 中后期时为全国的 1/3 左右。南宋时期在这个基础上略有上升。不过从绝对数字上来看，产量最高峰还是在南宋时期，北宋初期和中后期均不是产量最高点。

对于淮南盐，宋人说："宋朝就海论之，惟是淮盐最资国用。方国初，钞盐未行，是时，建安军置盐仓，乃今真州发运，在真州是时李沆为发运使，运米转入其仓，空船回皆载盐散于江浙湖广。诸路各得盐资船运，而民力宽。此南方之盐，其利广，而盐榷最资国用。"⑤ 淮盐产量在北宋中期已占全国产量的 1/3 左右⑥，在财政来源上，淮

---

① 《宋会要辑稿》食货二六之九，第 5238 页。
② 北宋最高峰达到 2154000 石。详见汪圣铎《两宋财政史》，中华书局 1995 年版，第 695 页。
③ 汪圣铎：《两宋财政史》，中华书局 1995 年版，第 695 页。
④ 同上。
⑤ （元）马端临：《文献通考》卷一六《征榷三》，中华书局 1986 年版，第 163 页。
⑥ 汪圣铎：《两宋财政史》，中华书局 1995 年版，第 695 页。

盐起到举足轻重的作用。

汪圣铎《两宋财政史》专门为淮南盐行销地区绘图指明之，淮浙盐销售区域为两淮、两浙、江南东西路、荆湖南北路等，大致范围在淮水以南、五岭以北的广大区域内，但这是淮浙盐合并在一起销售的区域，具体到从州军层面将淮盐销售区域和浙盐销售区域划分开来，则是下面要解决的问题①。史载楚州盐城监、通州丰利监、泰州海陵监、如皋仓、小海场各自供给本州以及淮南之庐、和、舒、蕲、黄州、无为军这几个州军，江南的江宁府、宣、洪、袁、吉、筠、江、池、太平、饶、信、歙、抚、广德、临江军等州军，两浙的常、润、湖、睦州；荆湖路分的江陵府、安、复、潭、鼎、鄂、岳、衡、永州、汉阳军。江南东路的信、歙州最初食用浙盐，后改为食用淮盐。海州板浦、惠泽、洛要三场、涟水军海口场供给本州军和京东的徐州。淮南的光、寿、濠、泗州，还有浙西的杭、苏、湖、常、润等州和江阴军都是食用淮盐②。以上这些地区都是淮盐的销售地区。甚至浙盐区所在的两浙路其首府杭州也食淮盐。宝元二年六月"乙亥，翰林学士宋郊、知制诰王尧臣与三司共议，……明年，即诏京师、南京及京东州军、淮南宿、亳州皆禁如旧。未几，复弛京师榷法。又明年，更议通淮南盐给京东等八州军，而兖、郓、宿、亳其后遂皆食淮南盐"③。可见北宋时期，京东地区部分州军也一度食用淮南盐。"康定元年，初用宋庠等议，复京师、南京及京东州军、淮南宿亳州池盐榷法，而京师榷法寻弛。于是，又诏三司议通淮南盐给南京、兖、

---

① 这一问题，前辈学者如漆侠先生、郭正忠先生都有论述，如漆先生的《宋代经济史》第 840 页，郭先生的《宋代盐业经济史》第 289 页。但是有部分地方没有提及。
② 《宋会要辑稿》食货二三之一——一，第 5179—5180 页。
③ （宋）李焘：《续资治通鉴长编》卷一二三，中华书局 1992 年版，第 2910 页。

郓、曹、济、濮、单、广济八州军利害以闻,其后兖、郓及宿、亳遂食淮南盐矣。"① 也有史料记载:北宋后期,盐纲从淮南运至江南,"明道二年,参知政事王随建言:淮南盐初甚善。自通、泰、楚运至真州,自真州运至江、浙、荆湖,纲吏舟卒,侵盗贩鬻,从而杂以沙土。涉道愈远,杂恶殆不可食,吏卒坐鞭笞,徒配相继而莫能止"②。而浙盐本身在北宋产量小,徽宗前仅通行于两浙路。③ 这样,两盐区销售地就很明了:淮盐行销于两淮、荆湖、江南东西路,包括两浙部分地区,如杭、苏、湖、常、润、江阴军。也曾短期行销于京东八州军。由于淮南路在北宋时代也包括淮河以北的宿、亳二州,故这部分地区亦包括在内。然而要说明的是,淮南地区并非全部食用自身出产之盐,本区之食用盐也曾有来自其他地区,如:宣和五年(1123)四月八日"盐仓用新钞对带旧盐旧钞,两浙已降指挥,令揭往温、台州请盐,淮南许揭往京东密州支请"④。

两宋之交的宋金战争对淮南地区造成了巨大的破坏。战争对淮南盐的影响颇大,商人多持钞赴浙盐产区取盐。如:建炎四年(1130)二月"甲午,尚书省言:'淮盐道路不通,商人皆自京师持钞引自两浙请盐……'"⑤ 到四月,盐场才恢复生产。建炎四年四月"辛卯,罢福建钞盐,令转运司官员搬官卖,仍岁发钞盐钱二十万缗赴行在榷货务助经费,以淮浙盐场复通故也"⑥。政府对本区的灾害进行赈济,采取各种措施招纳流亡,恢复生产。如:乾道元年(1165)"十二月

---

① (宋)李焘:《续资治通鉴长编》卷一三,中华书局1992年版,第3083页。
② 《宋史》卷一八二《食货下四》,第4439页。
③ 汪圣铎:《两宋财政史》,中华书局1995年版,第254页。
④ 《宋会要辑稿》食货二五之二,第5224页。
⑤ (元)佚名:《宋史全文》卷一七下,黑龙江人民出版社2005年版,第990页。
⑥ 同上书,第995页。

十六日，德音：楚、滁、濠、庐、光州，盱眙军、光化军管内并扬、成、西和州，襄阳、德安府、信阳、高邮军盐场亭户，因避人马，或被害之人见停废去处，仰提盐司亲行巡历，点检措置，招诱人户，借贷粮米本钱应付起灶煎炼，常加存恤"①。

  南宋在江南稳定政权后，开始注重淮浙盐的生产。这一时期，浙盐在全国的比重大幅增加，达到30%，相比而言，淮盐则下降为40%②。比例上升的原因可能和南宋定都临安、浙盐生产区域较淮盐生产区域更加稳定有关。宋金绍兴和议，两国以淮水、大散关一线为界，这样，淮盐销售区域也因之而丧失一部分地区，包括海州、原淮南路的淮河以北地区。淮盐销售区域这一时期扩大到两浙中部地区。如：隆兴二年"八月十三日，诏：淮南积盐数多，令舟运过江，措置六场。权发遣泰州刘祖礼言：'已降指挥，令般发仓场盐三百万余石往浙中支拨，必谓缓急不致毁弃，且便于商贾买纳。'"③淮盐销售地区不但向南扩展，还曾经远销四川部分地区，如：淳熙六年（1179）"十一月二十四日，四川总领李昌图言：'今州管内安抚司盐场颇为民害，金州军民尽食通、泰州盐，凡客旅贩至本州，州官司拘榷在场，高价科俵，卖与民间。'"④众所周知，北宋四川本地也产盐，自产自销，多数情况下并不需要从外地运盐来食用。

  虽然南宋时本区盐运以商人贩运为主，但个别地方，有时候也因为各种原因而采取官卖之法。淳熙七年（1180）"三月十五日，宰执进呈淮西安抚、转运司奏：濠州钟离、定远县民户等言：'本州不通

---

① 《宋会要辑稿》食货二七之一六至一七，第5263—5264页。
② 汪圣铎：《两宋财政史》，中华书局1995年版，第695页。
③ 《宋会要辑稿》食货二七之九，第5260页。
④ 《宋会要辑稿》食货二八之九，第5283页。

商旅，艰缺盐食，绍兴间，知州刘光时请买官盐，置肆出鬻。近因臣僚论列，住鬻官盐。半年之间，官既不卖，又无客贩，乞仍旧官卖。'上曰：'官卖恐扰民，所以罢之。今濠民既以为便，可令依旧，但不得科抑。'"① 又如：绍兴二年（1132）二月五日"同日，柳约又言：'兼巡捕官透漏私盐，欲依嘉祐法，正巡捕官断罪；如任满，别无透漏，亦乞依元丰盐赏格推赏。从之。'时两浙西路提举茶盐公事司申：'准尚书省札子：勘会钱塘江东接大海，西彻婺、衢等州，近访闻海船般贩私盐直入钱塘江，径取婺、衢州货卖，其临安府岸专设海内巡检一员，责在专一巡捕，一向坐视，并不捕捉，有妨浙东州县住卖盐课。'"② 可见，婺、衢两州也曾经是私盐泛滥之地。在销售上，"隆兴二年十月七日，榷货务言：'昨因淮东路积盐数多，已降指挥，客人已、未投下两浙路盐仓文钞，许改揭往淮东路盐仓支请。缘淮浙文钞系三务场分定州府给卖，内行在卖通、泰、高邮军、楚、秀、温、明、台州钞，以十分为率，内四分用见钱，六分轻赍；建康、通、泰州、高邮军、楚州钞，每袋通贷钱五贯文用现钱外，余许用轻赍；镇江卖临安、平江、绍兴府钞，并许用轻赍，系是金银、会子之类，比之见钱，大段省便。若客人于镇江算请钞，一袋合纳正钱通货钱一十七贯六百文足，只用银五两三钱，每两官价三贯三百文入中，其市直只三贯文入中，其市价收买……是致算请淮钞之人，往往买银就镇江算请浙钞，改揭淮东支盐，比之品搭见钱于行在、建康并算钞，委是大段优异。窃虑轻重相形，有妨本务人纳。免今后客人于行在算请浙钞，许依前项已降指挥，改揭淮东请盐外，若于镇江算请到浙钞，不

---

① 《宋会要辑稿》食货二八之一一，第5284页。
② 《宋会要辑稿》食货二六之四，第5235页。

许改揭淮东支请。从之。"① 由于政府在销售上对淮南盐和两浙盐的盐钞也实行混合买卖,这就使得淮南盐和浙盐的区别不再如以前明显,甚至本来换取浙盐的盐钞也可以去换取淮盐,这也使得两者之间的区别进一步减小。

三 淮南盐产区分布格局在两宋的变化

(一) 北宋时期淮南盐产区分布格局的形成

北宋初期,全国尚未统一,又经历了李重进据扬州而叛的战争,这些都对淮南的盐业发展产生了一定的影响。北宋统一全国后,政府开始重视这一地区的盐务,首先严厉打击私盐的贩运活动,委派官员专门负责此事,如:淳化四年(993)"先是,缘江多盗,诏以内殿崇班杨允恭……管勾江淮两浙都大发运、比画茶盐捕贼事,赐紫袍、金带钱五十万"②。又如:"(至道二年八月)(996)江、淮发运使杨允恭将捕贩私盐贼三十九人送阙下,上悉贷之,因顾左右曰:此等越逸江湖,习性已久,固不能工作矣,可团为一军,以备舟楫之役,号曰平河。"③ 对私贩的打击,增加了政府获利,也使得政府强化了对盐区生产和运输的控制。从宋初开始,政府一改以往以布、帛、茶、米等日用品支给亭户盐值的办法,改用钱支给,这样就使得亭户能够在盐业生产上扩大开支,为盐产量的增加提供了物质上的帮助。如:开宝七年(968)十一月乙亥"通、泰盐户纳盐,旧以布帛茶米等折偿

---

① 《宋会要辑稿》食货二七之九,第5260页。
② (宋)李焘:《续资治通鉴长编》卷三四,中华书局1992年版,第761页。
③ (宋)李焘:《续资治通鉴长编》卷四,至道二年八月条,中华书局1992年版,第850页。

其直。庚辰，诏给以钱"①。又减免盐区贫困亭户的积欠，减轻了亭户的负担。大中祥符五年（1012）四月"壬子，除通、泰、楚州盐亭户积欠丁额盐十四万石"②。在中央政府众多措施的实施下，淮南地区产盐区域逐步走上兴盛之路，淮东四州到北宋中期，"其在淮南曰楚州盐城监，岁鬻四十一万七千余石，通州丰利监四十八万九千余石，泰州海陵监如皋仓小海场六十五万六千余石，……海州板浦、惠泽、洛要三场岁鬻四十七万七千余石，涟水军海口场十一万五千余石……"③淮南四州的盐产量分别是楚州四十一万石，通州四十八万石，海州四十七万石，泰州六十五万石。这样，淮东四州大致呈均衡状态。淮南的盐已经达到了一个较为可观的数字了，在此基础上，政府开始掌控这一区域，保持其平稳发展。并对受灾之亭户予以经济接济，如：天禧四年（1018）六月"壬辰，诏通、泰、楚等州煎盐亭户，因灾诊乏食，预请钱粮，逋欠者悉蠲之"④。又如：绍圣"三年（1096）正月九日，发运司言：'淮南亭户例贫瘠，官赋本钱岁六十四万缗，皆倚办诸路，以故不时至，民无所得钱，必举倍称之息，或鬻凭由，不能得直之半，是以多盗卖而负官课。欲拨本司籴本钱十万缗给亭户，尤云不足，以凭由界之，即欲质于官，则据凭由与十之七而蠲其息，它日盐本钱集，给还三分钱，取凭由毁之。即官吏邀阻取受，论如法。'从之"⑤。这样，北宋中后期，淮南盐区形成了以泰

---

① （宋）李焘：《续资治通鉴长编》卷一五，开宝七年十一月乙亥条，中华书局1992年版，第327页。

② （宋）李焘：《续资治通鉴长编》卷七七，大中祥符五年四月壬子条，中华书局1992年版，第1762页。

③ 《宋史》卷一八二《食货下四》，第4438页。

④ （宋）李焘：《续资治通鉴长编》卷九五，天禧四年六月壬辰条，中华书局1992年版，第2195页。

⑤ 《宋会要辑稿》食货二四之三一，第5210页。

州、楚州、通州、海州为主产盐州的盐业生产，终北宋一朝，这种四州并行的格局一直处于一个大致稳定的状态。

（二）北宋以来的盐业产销负面效应

北宋以来，淮南地区的盐区出现了各种各样的问题，以至于对盐的产销造成了各种消极的影响。首先是本来淮盐质"善"，到此时却盐质下降。"英宗治平元年（1064）四月，江西提点刑狱专制置虔汀漳州贼盗、提举虔州卖盐蔡挺理转运使资序，以久在江西，方委以制置盐故也。初，江西仰食淮南转般食盐，涉历道远，比至，杂恶不可食。"① 押纲人员的侵盗是盐质下降的重要原因。"参知政事王隋建言：淮南盐初甚善，自通、泰、楚运至真州，自真州运至江、浙、荆湖，纲吏舟卒，侵盗贩鬻，从而杂以砂土，涉道愈远，杂恶殆不可食，吏卒坐鞭笞配徙相继，而莫能止。"② 其次是运河长期缺乏疏通，河道浅涩，影响了食盐的运输，而暂时运不出去的食盐大量露天堆积。"比岁运河浅涸，漕挽不行，远州村民，顿乏盐食。而淮南所积一千五百万石，至无屋以储，则露积苫覆，岁以损耗。"③ 最后是盐本的挪用。盐本是亭户进行生产的主要资金，北宋时期，中央政府对这部分资金非常重视，多次下诏拨付，以法律形式确保。崇宁二年（1103）"九月十四日，诏赐封桩钱，淮南路二十万贯，两浙路十万贯，充盐本"④。政和二年（1112）"五月二十二日诏于诸路合起上供钱内截拨发钱四十万贯，令两浙、淮南路提举盐事拘收，均拨逐路盐场充盐本支用"⑤。而当地政府又经常挪用盐本钱，"先是，真州申请

---

① 《宋会要辑稿》食货二四之一，第5195页。
② （宋）李焘：《续资治通鉴长编》卷一一三，中华书局1992年版，第2655页。
③ 同上。
④ 《宋会要辑稿》食货二四之三七，第5213页。
⑤ 《宋会要辑稿》食货二五之六，第5217页。

所用买木等钱二万余贯，于盐本钱内权借支用，至是又称：'提举木筏所公文，取拨钱一十六万贯，于宣、池州买木。'"① 战争造成损失颇大。靖康之变，金军南下，淮上战火连天，亭户也多逃跑、死亡，淮南盐运输的道路也颇受影响，建炎四年（1130）二月"十九日，尚书省言：'近缘淮盐道路不通，诸色人自京师带到钞引前来两浙请盐，致应付不起，内温、台州积压钞引数多，有至三二年以后方当支请盐货。'"② 南下的高宗小朝廷也无时无刻不担忧盐场遭受破坏。建炎四年（1130）四月"二十一日，诏：'昨驻跸温州，以金人犯淮浙，虑恐盐场废坏，遂行福建路钞盐法。今来到越州，淮浙盐场并已兴复，客人入纳渐广，可以补助经费。'"③

（三）南宋时期淮南盐产区的恢复与盐区格局的变动

靖康之后，宋金战争连绵十五年，造成的破坏极大。南宋王朝在江南站稳脚跟，接着对淮南盐的生产启动了全面恢复工作，首先在亭户的招徕上，由于战争，亭户大量逃亡，为了把他们招回来参加生产，朝廷采取了多种办法，如通过支付钱、给耕牛的办法接济亭户。绍兴二年（1132）十一月"三十日，淮南东路提举茶盐司言：'本路累经兵火，亭户未肯归业，今具本路盐价及支散钱、牛接济等下项：盐每算支钱一贯六百文足，额外每一算一贯九百文足。归复亭户，每户上等支钱四十贯文，中等钱三十五贯，下等钱三十贯文，生添灶座，每二灶支修灶钱五十贯文，先次给牛四头。如遇阴雨或冬寒，本司支散钱米接济。诏令逐州军镂板，遍于县镇乡村分明晓示。'"④ 同

---

① 《宋会要辑稿》食货二五之七，第 5218 页。
② 《宋会要辑稿》食货二五之三五，第 5232 页。
③ 《宋会要辑稿》食货二五之三六，第 5232 页。
④ 《宋会要辑稿》食货二六之九，第 5238 页。

时对亭户加强管理,绍兴二年(1132)"四月七日,尚书省言:'养兵全仰茶盐课入,自来强买盗贩,论至于流配,前后戒约,非不丁宁。访闻亭户规利,尚将所煎盐货私与百姓及罪人等交易,结众盗贩入城货卖,理当严行禁止。诏令尚书省降黄榜付诸门晓谕,专委捕盗官用心巡捉,仍令逐军统制官常切觉察,及许人告捕,每名支赏钱二百贯文;犯人取旨,常法外重行断治;统制官知情,与同罪;失觉察,减等。'"① 为加速盐产区的恢复速度,首先政府对其战争之前所犯罪行一概免责。绍兴三年(1133)二月"二十二日,提举淮南东路茶盐司言:'管下通、泰州、涟水军诸煎盐场,旧来亭户本司不住招诱归业,其亭户昨缘累遭兵火,其中不无被胁从因而作过之人,今来累该赦宥,诸处官司尚据陈论追究,使亭户不能安居,妨废盐作;或有在江南之人,缘此不能归业。欲望详酌应已归业亭户,其兵火以前罪犯特免追究。'"② 其次在保证盐产量上,为鼓励商人去淮上贩盐,还不许税务阻拦,绍兴二年(1132)"二月五日,户部侍郎兼提领榷货务都茶场柳约言:'大江久缘盗贼阻隔,客贩不通,江南、荆湖、淮南、京西州军盐价,每斤有卖及两贯已上去处。今来江道已通,正是客人争先往来趋厚利之时,访闻沿江州军县镇税务往往不遵法令,将客人盐船及赍执公据装载赴榷货务算请钱物,强行邀阻,抑令认纳税钱。勘会客贩茶盐舟船,州县等处及把隘官兵非理阻节,及乱行拘截等,已降指挥,并徒三年科罪。'"③ 这些措施都使得淮南盐场的恢复大大加快。到南宋中期,盐场生产基本恢复,如史料记载,各场生产如表3—1。

---

① 《宋会要辑稿》食货二六之五,第5236页。
② 《宋会要辑稿》食货二六之一一,第5239页。
③ 《宋会要辑稿》食货二六之三,第5235页。

表 3—1　　　　　　　　南宋淮南各盐场产量一览

催煎场名	年生产量	所属州
西亭场、丰利场	一十九万六千石	通州
石港、兴利、永兴场	一十九万石	
金沙场	一十八万二十石	
余庆场	一十六万一千石	
吕四港场	六万一百三十石七斗八升五合	
本州合计	七十八万九千一百三十石七斗八升五合	
角针场	二十八万一千六百石	泰州
拼桑场	二十二万二千七十一石三斗二升	
虎古窑场	一十三万五千九百六十三石五斗	
掘港场	一十八万石	
丰利场	一十万七千石	
马塘场	六万二千一百一十九石六斗	
丁溪、刘庄场	三十二万六千三百四十六石一斗	
梁家垛场、何家垛场、小陶场	三十万一千七百八十石三斗二升	
本州总计	一百六十一万六千八百八十石八斗四升	
五祐	一十七万五千石	楚州
新兴	一十万二千七百石	
本州合计	二十七万七千七百石	
三州总计	二百六十八万三千七百一十一石六斗二升九合	通、泰、楚州

资料来源：《宋会要辑稿》食货二三之一五。

据表 3—1 可知，南宋淮南各产盐州的产量和北宋相比较已经产生了很大的变化，首先，海州被金吞并，这部分盐区因之丧失，只剩下淮南三州，并且主要集中于泰、通二州，其份额占淮南盐场产量的 90%，且其远离宋金交界，一旦发生战争，不会首当其冲，和边境州相比，较为安定，这样就可大致保证其基本生产。这样看来，淮南地区的产盐格局由过去的四州大致呈均匀分布，到南宋时期变为向南倾斜,并集中于通、泰二州。这两州是淮南地区离国界较远的区域。发生战争时不会受到最直接的冲击。

小　结

以上考察了淮南茶生长的自然环境、淮南茶的管理办法、北宋淮南茶的官方销售机构、淮南茶的去向、真州榷货务职责的演变、盐区的自然条件和两宋的状况、淮南盐的地位和运输路线以及销售区域的变化,对淮南盐产区分布格局的变化进行了分析,得出以下结论:

(1)淮南多雨、气候温和,地势较其他地区为高,这都是适合种茶的有利条件。淮南地区茶叶管理办法历经最初的官榷到贴射法的施行,再到通商法的实施,淮南的茶业管理办法从完全的官方掌控到商人的介入,从完全的官榷到市场成分的增加,这都体现了淮南茶业发展的规律性。北宋淮南茶官方销售管理机构主要有三个:一是淮南十三山场,淮南十三山场既管理又买茶,而沿江榷货务只贮茶卖茶,但不买茶。二是京师榷货务,它是一个卖茶引的机构,商人取得茶引后可去淮南十三山场或者沿江榷货务取茶。三是沿江六榷货务,这六榷货务在淮南的代表是真州榷货务。本章还对淮南十三山场和真州榷货务的关系进行了辨析,认为这两者业务上没有往来,在行政上也是平级关系。接着对淮南茶之去向分成两种情形进行讨论,一是本区产茶直接以茶当税运往中央或者等待商人来购买;二是江南茶存贮于淮南的真州榷货务,然后上供中央或者等商人来购买。对宋代真州榷货务职能之转变也进行了概述,认为北宋、南宋真州榷货务的职责是不同的,北宋时真州榷货务卖茶;南宋时真州榷货务的茶场卖茶引。

(2)盐区的自然条件和状况:淮南东部海岸线较长并且较为曲折

是成为盐区的基本条件。亭户的生产资料包括耕牛的来源是亭户自购和真州榷货务配给，亭户归还时以盐抵牛价。成品盐的价格在北宋中期大致是 200 文一石。淮南盐本来源于各地上供钱和赏赐的封桩钱，盐本的不恰当使用造成亭户的生活贫困。淮南盐的上供方式分水、陆两种。官盐价高质次、私盐价廉物美、官方提供的盐钱到位不及时、政府的官榷等都是淮南私盐盛行的主要原因。

（3）淮南盐在全国的地位：其地位随着在全国的占有率变化而变化，宋初期占有率达到 51%，中后期占有率为 1/3 左右，南宋时期占有率为 40% 左右。尽管占有率只有 40%，但其绝对产量却达到两宋的最高峰，为 2683711 万石。淮盐行销于两淮、荆湖、江南东西路，包括两浙部分地区，如杭、苏、湖、常、润、江阴军。也曾短期行销于京东八州军。除了个别地区外，南宋淮南盐行销区域和北宋淮盐大部分行销地区是一致的，南宋时四川地区也部分食用淮南盐，并且淮盐与浙盐有混合的趋势，对外一致称为淮浙盐。淮南盐主要有三种用途：一是输送进京；二是存贮于运河区等待商人持盐引取盐；三是等待东南六路运粮船返航装运。北宋时淮南东路四州在盐产量上大致呈均匀生产，四州的盐产量分别是楚州四十一万石、通州四十八万石、海州四十七万石、泰州六十五万石。到南宋时海州被金吞并，这部分盐区因之丧失，只剩下淮南三州，并且主要集中于泰、通二州，其份额占淮南盐场产量的 90%，相比北宋，盐区地理分布明显向南移动。

第四章　个案研究：两宋泰州的经济开发

淮南经济开发中最具代表性的产业是农业和制盐业，泰州作为淮南地区的一个州，这两大产业的发展又尤为突出，淮南地区经济开发的特色在泰州得到了较好的体现，因此本章选择泰州作为个案对淮南地区进行更加细致的研究。

第一节　泰州的农业

一　北宋泰州捍海堰的地望及作用

海潮对淮南沿海地区影响较大，特别是对土地的卤化造成了很大的影响，造成了可耕土地大量减少，"通泰海州皆滨海，旧日潮水皆至城下，土田斥卤不可稼穑"①。原本泰通一带湖泊众多，可耕土地面积少，又被海水侵袭，可耕土地就更少，史载："海陵民因潮之患，而倚阁其租者三千余户。"② 所以筑堤卫田就成为必然选择。范仲淹

---

① （宋）朱熹：《五朝名臣言行录》卷七，四部丛刊初编本。
② （宋）范仲淹著，李勇先、王蓉贵校点：《范仲淹全集》卷八《泰州张侯祠堂颂》，四川大学出版社2002年版，第174页。

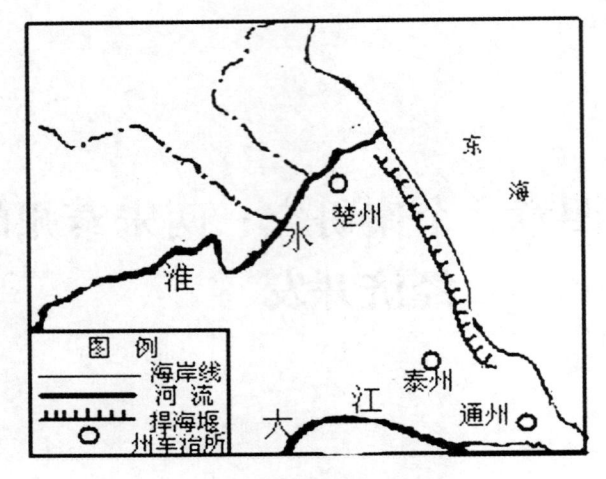

图 4—1　北宋泰州捍海堰分布

资料来源：《范仲淹全集》卷八、卷一一，结合《中国历史地图集》改绘。

在泰州时，与张纶、胡令仪等共同修筑了捍海堰，关于捍海堰，朱瑞熙先生认为它只不过是泰州境内的一段堤堰，远不及唐代黜陟使李承修筑的捍海堰的长度，并认为司马光等人都夸大了范仲淹等人的业绩①，同时，朱瑞熙先生又认为很多人把范仲淹修筑的捍海堰延长到海州的说法是不符合实际情况的。笔者赞成朱先生的认为司马光等人确实夸大了范仲淹的功绩的观点，但是笔者却也不赞成朱先生的"捍海堰仅限于泰州一州地界"的观点，笔者认为其连接了泰州和楚州两地，既非司马光等人认为的绵延四州，也不赞成朱先生的限于一州。如："天圣二年，捍海堰开始修筑，泰州东部捍海堰初作于文正范公，首起海陵，尾属盐城，卫两县间百余里。"② 可见泰州的捍海堰不仅在本州起到作用，还修通到盐城，而盐城当时属楚

---

① 朱瑞熙：《范仲淹与泰州捍海堰》，《大陆杂志》第 81 卷第 1 期。
② （宋）范仲淹著，李勇先、王蓉贵校点：《范仲淹全集》卷一一《泰州修桑子河堰记》，四川大学出版社 2002 年版，第 1573 页。

州管辖，所以笔者认为捍海堰位于两州境内。修成的功效是"堰修成后，期月之内，民有复诸射诸田者共一千六百户，将归其者又三千余户"①。又如："天圣四年八月丁亥，诏修泰州捍海堰。先是，堰久废不治，岁患海涛冒民田，监西溪盐税范仲淹言于发运副使张纶，请修复之。纶奏以仲淹知兴化县，总其役……又诏淮南转运使胡令仪同仲淹度其可否，令仪力主仲淹议。而仲淹寻以忧去，尤为书抵纶，言复堰之利。纶表三请，愿身自总役。乃命纶兼权知泰州，筑堰自小海寨东南至耿庄，凡一百八十里，而于运河置闸，纳潮水以通漕。踰年堰成，流逋归者二千六百余户，民为纶立生祠。"② 捍海堰首先为泰州提供了部分土地；其次使得部分劳动力得以回归本地，为农业的开发增添了后备力量。

二 泰州对荒田的管理

北宋后期，泰州就出现了逃田现象，如："（政和）八年四月五日权淮南江浙荆湖制置发运使任谅奏：'逃田不耕，除阁税赋，情弊多端。其间有人户冒佃而不纳税租者，有虽供税而冒佃不出租者，亦有逃户虽有归业，而尚不供输者，亦有荒簿无人耕种者……泰州有五百二十七顷……以六路计之，何可胜数！'"③ 为了把佃民吸引回土地上，政府采取了多种办法，"欲诸县专选官一员按籍根括，限一季许首，并与免罪，收入账簿，依旧输纳税租；限满不首，即许人告，赏钱一百贯，以犯事家充。其荒薄无人耕佃者，即多方招诱逃户归业，

---

① （宋）范仲淹著，李勇先、王蓉贵校点：《范仲淹全集》卷八《泰州张侯祠堂颂》，四川大学出版社2002年版，第174页。

② （宋）李焘：《续资治通鉴长编》卷一四，天圣四年八月丁亥条，中华书局1992年版，第2419页。

③ 《宋会要辑稿》食货一之三三，第4818页。

及依条召人请蒔，检量顷亩，立定四至给付。仍取邻田中等税数减半为额，与免十料催科十，所贵逃田无不耕种。诏：'逃田可专委县丞，无县丞处委他官，余并从之。'"① 到了南宋时期，由于战争的影响，造成田地大量荒芜，淮南地方政府在招徕人口从事生产的前提下，还劝谕人户增加生产。如："（乾道）七年二月四日，诏令知扬州晁公武、知庐州赵善俊行下所部州军部，仔细契勘所种二麦，具实数申尚书省。于是晁公武具到真、扬、通、泰、楚、滁州、高邮、盱眙军人户所种麦田，除先种二千五百八十七顷一十八亩外，续劝谕增种二百九十六顷五十亩有奇……"② 为扩大生产，地方官甚至允许耕种之民在耕种一定时间后，便可取得对其的所有权。如："同日（绍兴五年三月二十八日），权发遣泰州邵彪言：'淮南人户逃窜，良田沃土，悉为茂草。今欲将营田司应有人请射荒田，并许即时给付，每亩依元降指挥纳课子五升，田土瘠薄者与裁减。耕种五年，仍不欠官司课子，许认为己业；限外元主识认，或照验明白，即许自踏逐荒田指射，以为己业。如是五年内归业，即许佃人画时交还，不得执占；已种者，候收成了给换，已施行者谓耕垦熟成、起屋、种桑之类量出工力钱还佃人。今未措置如可施行，即乞明指挥，镂板榜示，庶得民间通知，著业者众。'从之。"③ 政府还实施鼓励政策并积极为农户提供生产资料，帮助他们快速恢复生产。如："（乾道）七年四月四日，知泰州徐子寅言：'近措置两淮民户占宽剩田，今乞再限一季，许令自首，别给据为己业。如限满不首，许人划佃。或愿借耕牛者，令诸州应

---

① 《宋会要辑稿》食货一之三三，第4818页。
② 《宋会要辑稿》食货一之四六，第4824页。
③ 《宋会要辑稿》食货二之一四，第4832页。

付，估原价，均以五年还官。'从之。"①

官府先实施逐步恢复农业的政策，等农业有所恢复后，再实施征税。如："（乾道）七年八月二十八日，知泰州李东言：'泰州田计二百余顷，今欲置买牛具、椿办种粮，人户请佃一顷，与借给耕牛一头，及农具、种粮随田多寡假贷，计原价均以五年还官，更不收息。依原降指挥，次边州县免五年十料租课。如限满，合行起纳课子，每亩乞减作三升。三年之内不通官课，印给为永业，改输正税，不得创有增添。'从之。"② 到了南宋，泰州的荒田达到了一个较大的数字，相比其他州，泰州的荒田要多。系官荒田如："先是，淮东安抚司具到系官荒田：真州：三百七十四顷五十亩；扬州：五十二顷九十一亩；通州：一百一顷八十一亩；泰州：二万一千二百四十八顷四十五亩；楚州：四千四百二十三顷八十六亩；滁州：一百五十九顷四十五亩；高邮军：一千一百六十九顷一十三亩；盱眙军：一百四十一顷三十四亩。"③

归正人也是泰州重要生产力来源之一，政府对归正人采取就地置办农庄，将他们集中在各地从事生产，给予生产资料，进行生产。"三月十六日，徐子寅言：'近劝谕归正人一千五百八十人，于楚州宝应、山阳、淮阴县、高邮军高邮县、盱眙军天长、盱眙县、扬州江都县、泰州海陵县界共置五十四庄，并给付耕牛、农具、粮种，开垦田亩。已蒙朝廷行下，委逐县知县躬亲究实，已见就绪。今乞将官田所结局，其合行事件，并拨隶常平司。'从之。"④

---

① 《宋会要辑稿》食货六之二十，第4889页。
② 《宋会要辑稿》食货六之二一，第4889页。
③ 同上。
④ 同上。

第二节　泰州的制盐业

一　政府对泰州制盐业发展的支持

（一）对亭户生产、生活的支持

政府也对亭户予以法律和资金上的支持，亭户如缺乏用来制盐的牛和其他工具，官员免费为其提供工具和资金并建言献策。如："仁宗天圣元年六月十四日，三司盐铁判官俞献卿言：奉诏与制置茶盐司同规画淮南通、泰、楚州盐场利害。一，诸处盐场亭户实无牛具者，许令（地方政府）买置，召三人已上作保，赴都盐仓监官处印验收入簿账，给与为主，依例克纳盐货，不得耕犁私田，借贷与人。……"①又如："天圣六年八月甲戌，淮南江浙荆湖制置发运使、文思使、昭州刺史张纶知秦州。纶天禧末为发运副使，时盐课积亏者十年，纶乃奏除通、泰、楚三州盐户宿负，官助其器用，盐入优与之直，由是岁增课数十万。"②从政府角度看，这从法律上确保没有牛具的亭户可以在三人担保的前提下，由地方政府买得牛具发给亭户。一方面，缺乏基本耕作工具的亭户可以从政府处获得牛具，政府在发给牛具之后，又不必担心这些牛具会丧失回收再利用的可能。而亭户在纳盐税后，政府变偿布为偿钱，亭户能够拥有直接进行再生产的资金。如："开宝七年十一月乙亥，通、泰盐户纳盐，旧以布帛茶米等折偿其直。庚辰，诏给以钱。"③在亭户遭受自然灾害之下，政府还对他们予以救

---

①《宋会要辑稿》食货二三之三一，第5190页。

②（宋）李焘：《续资治通鉴长编》卷一六，天圣六年八月甲戌条，中华书局1992年版，第2479页。

③（宋）李焘：《续资治通鉴长编》卷一五，开宝七年十一月乙亥条，中华书局1992年版，第327页。

济，确保他们的生活走入正轨。如："天禧四年六月壬辰，诏通、泰、楚等州煎盐亭户，因灾沴乏食，预请钱粮，逋欠者悉蠲之。"① 经过北宋政府的多方支持与救助，泰州盐得到了较大规模的开发。北宋时代，泰州盐年产量最高达到六十多万石。②

（二）泰州盐场的防潮

淮东地区地势低平，经常为海潮所袭，对盐场有相当大的危害。如何应对海潮？北宋时，多位地方官员都非常重视对海潮的防范，修筑海堤是主要措施之一，范仲淹和张纶在任泰州地方官员之时，就曾多次修筑海堤。"同泰海州皆滨海，旧日潮水皆至城下土田斥卤不可稼穑，范文正公监西溪仓，建白于朝，请筑捍海堤于三州之境，长数百里，以卫民田，朝廷从之。以文正为兴化令，专掌役事，发通泰楚海四州民夫治之，既成，民至今飨其利，兴化之民往往以范为姓。"③ 范仲淹记载："天圣中，余掌泰州西溪之盐局日，秋潮之患，浸啮于海陵、兴化二邑间，五谷不能生，百姓馁而逋者，三千余户，旧有太防废而不治，余乃白制置发运使张侯纶，张侯表余知兴化县，以复阙防，会雨雪大至，潮汹汹惊人，而兵夫散走，旋泞而死者百余人，道路飞语，谓死者数千而防不可复，遽命公为淮南转运使，乃抗章请必行前议请兼领海陵郡。朝廷从之，仍与张侯共董其役，始成大防亘，一百五十里，潮不能害，而二邑逋民悉复其业。今二十余载防果不坏。"④ 由于海堤的修筑是一项大型工程，非

---

① （宋）李焘：《续资治通鉴长编》卷九五，天禧四年六月壬辰条，中华书局1992年版，第2195页。

② （明）杨洵、陆君弼等纂修：《万历扬州府志》卷一一《盐法志》，《北京图书馆古籍珍本丛刊》，书目文献出版社1988年版，第189页。

③ （宋）朱熹：《五朝名臣言行录》卷七，四部丛刊初编本。

④ （宋）朱熹：《五朝名臣言行录》卷第一一，四部丛刊初编本。

私人所能修筑，故防护一项，只能由官方来完成，而这些与江浙某些州县不同。①

二 南宋泰州制盐业的恢复与发展

南宋立国江南，为抵抗金军南进，南宋在淮南布置了为数众多的军队，在国用缺乏的情况下，要供应这些军队，不得不仰仗淮南盐，而泰州又在淮南产盐州军中所占份额较大。"淮东的盐：迨绍兴末，泰州海陵一监支盐三十余万席，为钱六七百万缗，区区一州当晏时天下征榷之数，而尤浮之于盐利，宠取尽矣。"②南宋政府开始下大力气来整治，争取在短期内恢复泰州的盐务生产，然后扩大其产量，以满足庞大的军需开支。政府在泰州恢复了被战火损坏的盐场并重设了若干新盐场，如："（绍兴十八年）十月二十五日，诏：泰州如皋县马塘创建盐场，以泰州马塘催煎盐场为名，从本路提举茶盐王昫请也。"③"（绍兴十八年）闰八月一日，淮南东路提举常平茶盐司言：近兴置泰州海安镇管下地名古窑盐场，欲乞以泰州古窑催煎盐场为名；西溪镇管下地名小淘盐场，欲乞以泰州小淘催煎盐场为名。从之。"④

如图：

---

① 在江浙，部分州县的大型水利设施的修筑经费除了政府开支外，还有地方富民出资，但是淮南地区却不见于史料记载。详见陆敏珍的《唐宋时期明州区域社会经济研究》，上海古籍出版社 2007 年版，第 148 页。
② （明）杨洵、陆君弼等纂修：《万历扬州府志》卷一一《盐法志上》，《北京图书馆古籍珍本丛刊》，书目文献出版社 1988 年版，第 189 页。
③ 《宋会要辑稿》食货二六之三二，第 5249 页。
④ 同上。

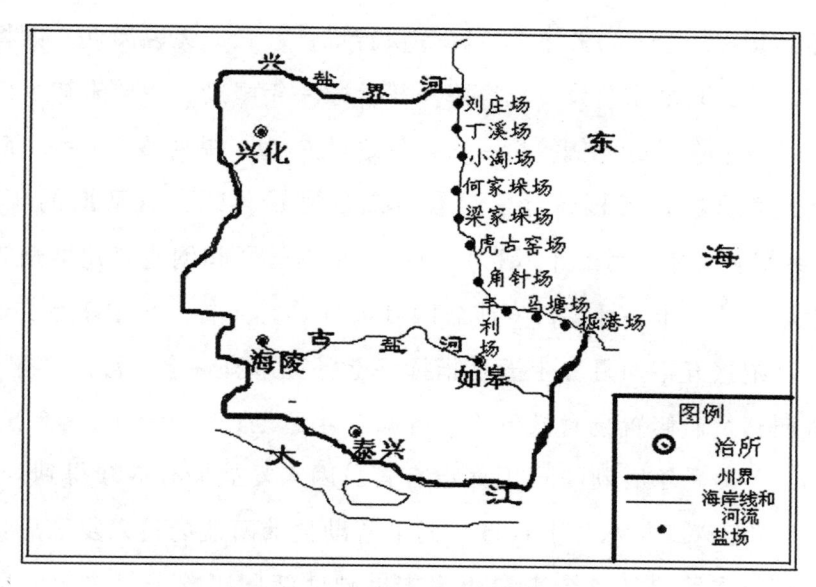

第四章　个案研究：两宋泰州的经济开发 | 155

图 4—2　南宋泰州盐场分布

资料来源：《宋会要辑稿》食货二六之四一、四二，结合谭其骧主编《中国历史地图集》改绘。

各盐场设立后，政府多方招谕亭户回归生产。"（绍兴二年三月）二十二日，提举淮南东路茶盐司言：管下通、泰州涟水军诸煎盐场，旧来亭户本司不住招诱归业，其亭户昨缘累遭兵火，其中不无被虏胁从，因而作过之人，今来累该赦宥，诸处官司尚据陈论追究，使亭户不能安居，妨废盐作；或有在江南之人，缘此不能归业。欲望详酌应已归业亭户，其兵火以前罪犯特免追究。"① 对招徕亭户的官员进行奖励，"一十一人令本司犒设，又照得淮东提盐司人吏，逐时盐课增羡盐。承降指挥，等第犒设，职级绢一十二匹，手分七匹，贴司五匹。今来监官高立、专典宋初招置到盐户，虽增置灶座数多，缘每岁

---

① 《宋会要辑稿》食货二六之一一，第 5239 页。

止煎到盐三千余石，若不比附降等量行推赏，又虑无以激劝。欲将监官高立，比附淮东监修置场官降一等，减一年磨勘，专典宋初令广东提盐司依淮东手分体例犒设一次。从之。"① 为了提高整治效率，政府对当地官员进行考核，对整治有成效的官员，减少其磨勘的年限，"（绍兴三十年五月二十八日）照得淮东提盐司昨创行兴建泰州梁家垛盐场，计一十一灶，每岁煎盐四万余石，上、中、下等官吏二十一人，承绍兴五年四月二十五日指挥，上等提举官一名，减三年磨勘；中等属官及监修置场官共五人，各减二年磨勘；下等人吏一十五人，内四人各减一年磨勘。"② 因而也有官员因兴复盐场有成绩得到升迁，如："（绍兴二年八月十八日）尚书省勘会淮南盐场自兴复之后，累降旨催督本路措置，今来泰州率先措划就绪，比较去年之数大段增羡，理当劝赏。诏本州并催煎、买纳、支盐当职官各特转一官。"③ 并根据实际情况对盐场进行整合，政府认为，通州、楚州盐场都是战争之前已经存在的盐场，合并比较困难，而泰州的何家垛、小淘、古窑、刘庄、马塘这五个场，除了马塘距离其他盐场较远外，其他四场相互之间距离较近，可以合为一场，可以将古窑、小淘两场并入附近的虎墩场进行管理，其产盐可以送到海安买纳场贮存，只留监官一人，何家垛场与梁家垛场接近，可以并入梁家垛场进行管理，派一个监察官管理，同时兼任本地的巡检。刘庄场接近附近的丁溪场，也可并入丁溪场进行管理，设置监察官一人。④ 为了加快盐的运输速度，政府在包括泰州的各州设置盐仓，这样就使得商人到达各州后直接去

---

① 《宋会要辑稿》食货二七之四，第 5257 页。
② 《宋会要辑稿》食货二七之三、四，第 5257 页。
③ 《宋会要辑稿》食货二六之一四，第 5240 页。
④ 《宋会要辑稿》食货二六之四一、四二，第 5254 页。

盐仓取盐即可。如："（绍兴二十八年）三月十八日，淮东提举茶盐司条具到复置州仓事，户部看详：自罢州支盐仓，各就场支拨，其间场分迂远，客人艰于般请，及诸场竞相增加斤数，轻重不等。今复置州仓，不唯革去大搭斤重之弊，又使客旅般请通快，委是经久利便……从之。"①

在政府的大力支持下，南宋泰州的盐场逐步得到了恢复，南宋政权稳定之后，泰州盐的生产已经达到了一个高峰，甚至到了盐仓溢满的情况。为解决泰州盐产量过多，而盐又无法快速运出的问题，政府采取了相应办法进行解决。如："隆兴二年十月七日，榷货务言：昨因淮东路积盐数多，已降指挥，客人已、未投下两浙路盐仓文钞，许改揭往淮东路盐仓支请。"②"（绍兴三十二年）八月十三日，诏：淮南积盐数多，令舟运过江，措置六场。权发遣泰州刘祖礼言：已降指挥，令般发仓场盐三百万余石往浙中支拨，必谓缓急不致毁弃，且便于商贾买纳。"③ 为了加快泰州盐的外运，政府在真州置仓，用官船将泰州等处的盐外运至真州，并在那里设仓存储，专候商人来此请盐。如："（乾道元年十二月）十八日，臣僚言：……望下提举司权于真州置仓，将通、泰盐纲就彼出卸。诏令周淙、向均同共措置起置。明年六月十六日，诏专委向均于真州踏逐地段盖造。均言：近计料起盖真州盐仓，共合起盖盐敖二百八十间……通、泰、楚州所产盐货，各州场分多寡不等，欲将通、泰、楚州打到袋盐各以十分为率，数内合行分拨二分，运赴真州盐仓支发。如有不足，舟船只依所乞，从本司和雇一分定，般运各州盐纲。舟船并以空纲到买盐场岸下先后资次装

---

① 《宋会要辑稿》食货二六之三八，第 5252 页。
② 《宋会要辑稿》食货二七之九，第 5260 页。
③ 《宋会要辑稿》食货二七之九、十，第 5260 页。

发……从之。"①

第三节　两宋淮东盐业运输中官方与商人地位的变迁
——以泰州为例

在两宋淮南地区的州级行政区的盐业开发过程中，淮南东路沿海的几个州军，为淮南盐的生产与销售区域的扩大作出了较大的贡献，政府与商人的地位在两宋时期泰州盐的运输过程中经历了一个相当大的变化，并且它们在两宋淮盐产销过程中所起的作用也不同。组织生产领域，有时就完全是官方在起作用，而商人则追求利益最大化，并不愿意加入其中。在淮南沿海四州中，泰州产量最大，且官方与商人在盐运输中地位的变化表现得比较明显。

一　北宋时期泰州盐运输中的官方与商人之地位

北宋时，泰州外运的盐分成两大部分：输送至京师的盐和输送至各地销售的盐。北宋政府对泰州盐实施官榷，不许商人直接从亭户手中取盐，为保证泰州盐的稳定产出，北宋政府在泰州设置众多的盐场，如：马塘场、何家垛场、小淘场、古窑场、刘庄场等，共十一场。这些盐场均为官办，盐由政府收购或者亭户直接作为赋税上纳于政府。首先，泰州之盐由各个盐场的亭户送纳于设置在镇的官方买纳场，由它们负责输送至州，因此政府在这些产盐区域开漕河，确保盐能运至转般仓，而这些漕河通畅与否也是所产之盐能否及时运出泰州

---

① 《宋会要辑稿》食货二七之十七，第5264页。

第四章 个案研究：两宋泰州的经济开发 | 159

的关键，因此政府多次对漕河进行疏通。如："熙宁八年十月辛亥诏：闻通、泰州漕河不通，自春至今，留滞盐纲四百余舟。其令江、淮等路发运司未得疏泄陈公塘水，委侯叔献相度引注沟河，通行盐纲。"①又如："（熙宁九年五月辛巳）提举淮南常平等事王子京言：'提举开修运盐河，自泰州至如皋县共一百七十余里，日役人夫二万九千余。'"② 盐河的修筑大大便利了泰州盐的顺利外运。泰州之盐多送纳于真州，如："于是，参知政事王隋建言：'淮南盐初甚善，自通、泰、楚运至真州，自真州运至江、浙、荆湖……'"③ 每年泰州产盐六十五万石，这些盐多为官榷，就是因为入中政策，商人于真州等处所取之盐，自己运输至销售地区，但是依然不能直接从亭户手中取盐。如："复天禧元年制，听商人入钱粟京师及淮、浙、江南、荆湖州军易盐。"④ 由上可见，泰州盐的出售权基本把持在政府手中，而商人只能从政府手中以入中的方式取得盐，不过政府在此之前已经取得了盐利了，这样商人入中而取得泰州盐再去销售就相应地增加了食盐民众购盐的开支。

再看商人在盐运输中的地位，北宋政府实施官榷，不许商人直接与亭户接纳售盐事宜，即便商人入中而需取盐，也不许他们直接接触，如："在通、泰、楚、海、真、扬、涟水、高邮贸易者，毋得出城，余州听诣县镇，毋至乡村。其入钱京师者，增盐予之。并敕转运使经划本钱以偿亭户。"⑤ 所以商人不能公开地直接从亭户手中购买

---

① （宋）李焘：《续资治通鉴长编》卷二六九，熙宁八年十月辛亥条，中华书局1992年版，第6604页。
② （宋）李焘：《续资治通鉴长编》卷二七五，熙宁九年五月辛巳条，中华书局1992年版，第6736页。
③ （宋）李焘：《续资治通鉴长编》卷一一三，中华书局1992年版，第2654页。
④ 同上书，第2655页。
⑤ 同上。

并运输泰州盐。而政府又加强打击私贩之力度,这样来看,北宋中前期,在泰州盐之运输上,官方依旧占据主要位置,而商人处于弱势。到北宋中期全国开始实施通商法,政府允许商人至京师缴纳现钱再到真州取盐,并不要求一定是入中才可以取盐,"天圣七年三月甲申,泰州盐课亏缗钱数十万,事连十一州,诏殿中丞张奎往按之。还,奏三司发钞稽缓,非诸州罪。因言:'盐法所以足军费,非仁政所宜行。若不得已,令商人转贸易流通,独关市收其征,则上下皆利,孰与设重禁壅于之为民病。有诏悉除所负。'"① 因此商人可直接到真州获取泰州盐。比起实施通商法之前,商人在与政府之博弈上,地位有所上升,但是依旧处于弱势,因为商人地位之上升,很大一部分原因是政府不得已放权所致。

二 两宋之交政商地位的转变

北宋末年,金军南下,在占领开封后,金军继续追击高宗,对淮南地区实施抄掠,盐场也受到较大的破坏。由于战争,北宋时期以来的政商布局开始发生改变,首先,运河区域承担盐货转般的四个州遭到破坏,特别是负责泰州盐货转般与存储的真州转般功能被破坏,损失最大。这样,泰州盐不能北运,而真州亦不能接纳南部各州之上供船,可以说功能完全丧失了。政府与商人之地位也发生相应之变化,如:"行在卖通、泰、高邮军、楚、秀、温、明、台州钞,镇江卖临安、平江、绍兴府钞。"② 这就意味着商人可以买钞去兑取盐。虽然这是隆兴二年之事,但是梁庚尧先生认为除高邮和楚州外,其他州军大

---

① (宋)李焘:《续资治通鉴长编》卷一七,天圣七年三月甲申条,中华书局1992年版,第2505—2506页。
② 《宋会要辑稿》食货二七之九,第5260页。

概自绍兴初年以来便是如此。①

而这在北宋是不可能的，在北宋中期以前除了运粮到边外，国家不许商人到泰州运盐，甚至不许商人直接到真州转仓运盐。南宋的这种变化说明商人在盐的运输中主动性增加，而这也说明商人在盐之运输中地位在发生渐变。

三 绍兴和议后泰州官方与商人之地位演变

宋金十五年战争以绍兴和议为结束标志，淮南地区基本进入一个比较平稳的时期，不再有较大的战争发生，这为政府和商人的地位转换提供了一个和平环境。南宋在江南站稳脚跟后，为维持庞大的军费开支，更加依赖盐的收入，但是战争对以泰州为首的淮南盐场影响很大，而不对盐场进行整治就不能更好地发挥其筹集军费的作用。对于战火前犯罪之泰州亭户，只要不是恶性案件，政府一概不问。如："（绍兴二年三月）二十二日，提举淮南东路茶盐司言：'管下通、泰州涟水军诸煎盐场，旧来亭户本司不住招诱归业，其亭户昨缘累遭兵火，其中不无被虏胁从因而作过之人，今来累该赦宥，诸处官司尚据陈论追究，使亭户不能安居，妨废盐作；或有在江南之人，缘此不能归业。欲望详酌应已归业亭户，其兵火以前罪犯特免追究。诏：淮南未归业亭户，比附绍兴二年九月四日已降赦恩，系一月许令出首还业，其兵火以前罪犯，除恶逆已上及劫杀、谋杀、故杀、斗竖杀兼为亲下手已杀人外，余并一切不问，仍自今降指挥到日理限。其已归业人，兵火以前罪犯，亦依此贷免。若于今来限外出首，并归业因被苦之家陈诉者，只将杀人首恶及同谋下手人理断，其余并免追证。仍令

---

① 梁庚尧：《南宋淮浙盐的运销（上）》，《大陆杂志》1988年第1期。

提盐司多出文榜晓谕。'"① 政府这样做，无非是为了确保亭户人数，使战火后的泰州盐业生产迅速恢复过来。为了最大限度地增加泰州盐的产量，政府还在泰州增设盐场，如："（绍兴十八年）闰八月一日，淮南东路提举常平茶盐司言：近兴置泰州海安镇管下地名古窑盐场，欲乞以泰州古窑催煎盐场为名；西溪镇管下地名小淘盐场，欲乞以泰州小淘催煎盐为名。从之。（绍兴十八年）十月二十五日，诏：泰州如皋县马塘创建盐场，以泰州马塘催煎盐场为名，从本路提举茶盐王昫请也。"② 盐场恢复生产，政府开始鼓励商人多在杭州和镇江的榷货务纳钱，然后去泰州等盐场取盐。为什么官方不再采取官方般运食盐的办法？史载"（隆兴三年八月十三日）然以祖礼观之，不见其益，徒有重费。且虏人闻我般盐，必逆料我不能守淮，一也；淮民见官中般盐，亦谓国家且弃淮，二也；若般盐过浙中两处，所费不下五六十万，三也；盐必得屋三四十间，方可贮积，重扰浙西，四也；淮盐本上江客人所贩，若江淮有警，即客旅不通，五也；若卖得淮盐，即浙盐发卸不行，六也。窃谓朝廷费五六十万缗而有此六病，曷若将钱五六十万缗招兵，而守此通、泰之地乎？若必欲便于商贾买贩，则莫若令上半年支淮盐，下半年支浙盐，则朝廷无一毫之费，而公私两便。户部以谓：本官所陈前项六病，既难般发，不若仍旧，乞下淮东、浙西提举茶盐司照会住般。从之。"③ 以上六条是官方退出般运的重要原因。但这是否就说明官方完全退出了运输？也不一定，南宋时期，也偶然有官方自运自销的情形发生。到了绍兴四年，政府又出台

---

① 《宋会要辑稿》食货二六之一一，第 5239 页。
② 《宋会要辑稿》食货二六之三二，第 5249 页。
③ 《宋会要辑稿》食货二七之一，第 5260 页。

法令:"诸州及诸军自辄回易官盐,并依私盐法,罪轻徒二年。"① 这样看来,在南宋时期,官方在对盐的运输中不再起主要作用了,而大规模的商人在杭州和镇江取得盐钞自行运盐成为主流。商人之运盐到各地销售,最远处达到四川,如:"(淳熙六年)十一月二十四日,四川总领李昌图言:今州管内安抚司盐场坡为民害,金州军民尽食通、泰州盐,凡客旅贩至本州,州官司拘榷在场,高价科俵,卖与民间……从之。"② 可见商人贩运食盐的路程之远。和北宋时期相比,在泰州盐的运输上,官方已退居次要地位,但是并非说官方在运输过程中就不起任何作用了,官方有时候也起到减少商人般运费用,为商人提供便利这样的作用,如:

(乾道元年十二月)十八日,臣僚言:"淮南岁额一千二百余万缗……泰最为浩瀚,……泰诸场固自无害者。若不从权措置,徒致商贾不行。望下提举司权于真州置仓,将……泰盐纲就彼出卸。"诏令周淙、向均同共措置起置。明年六月十六日,诏专委向均于真州踏逐地段盖造。均言:"近计料起盖真州盐仓,共合起盖盐敖二百八十间,并厅事钱库、司房物料库、备卸屋等共计三百二十七间,若仍旧存留……泰州……旧仓,即不消全行盖造。欲将元料盐敖二百八十间以四分为率,先次起盖一分七十间,钱库、备卸屋并减半……泰……所产盐货,各州场分多寡不等,欲将……泰……州打到袋盐各以十分为率,数内合行分拨二分,运赴真州盐仓支发。如有不足,舟船只依所乞,从本司和雇一分定,般运各州盐纲。舟船并以空纲到买盐场岸下先后资次装

---

① 《宋会要辑稿》食货二八之七,第5282页。
② 《宋会要辑稿》食货二八之九,第5283页。

发。……泰……旧盐仓支盐，现收客人水脚钱，今来和雇般户令于水脚钱内支泰州海安场，欲每袋支六百文，如皋场每袋支六百五十文，西鸡场每袋支七百文……今来客人若只就真州盐仓支盐，减省……泰……等州地里盘费脚乘。所有官中和雇船户合支水脚钱，自来系客人出备，欲乞令就真州盐仓请盐客人每袋送纳钱五百文省，专充运盐脚乘支使，所有不足钱数，依例于袋息钱内相兼支使。从之。"①

官方将泰州所产之盐都集中于真州盐仓，这样使得商人可直接去真州，这样，官方虽不直接运盐到销盐地区，但是在便利盐商上，却是起到了相当大的作用。

四 影响宋代泰州盐务运输主体地位改变之因素

在泰州盐的运输上，官方的运输主力位置发生变化，商人从次要位置上升为泰州盐运输的生力军。这其中两方历经一个地位变化，导致政商地位变化的因素是多方面的。

（一）宋金之间的战争

两宋之交的战争断断续续延续了很久，直到乾道年间，依然有部分金军在淮南游弋，战争破坏了泰州的盐场，官方运输机构损失殆尽，甚至泰州盐赖以外运的中转点真州转般仓也被金军烧毁，在泰、真等处再重新设置运输机构已不可能，淮南一旦战云再起，管理运输机构依然不能避免被战火毁坏之命运。

（二）节省开支，充实军费

南宋在淮南、四川、荆湖驻扎了大量的军队，为供养这些军队，

---

① 《宋会要辑稿》食货二七之一七，第5264页。

政府很重视盐的生产，不过靠盐场是军费的重要来源，靠官鬻远远不能满足军费的需要。梁庚尧先生认为在通商法下官鬻之所以存在，主要是"地方军事或行政机构为了解决本身财政的问题，在缺少商人贩运的情况下，朝廷也会权宜允许官府自行运盐贩卖"①。可见淮南地区此时的官鬻确实已退居次要地位。仅仅靠不占主要地位的官鬻是不能供给南宋几十万大军的。所以，推广通商之法，让商人介入是大势所趋。最终政府还是让商人介入。如："天圣七年三月甲申，泰州盐课亏缗钱数十万，事连十一州，诏殿中丞张奎往按之。还，奏三司发钞稽缓，非诸州罪。因言：'盐法所以足军费，非仁政所宜行。若不得已，令商人转贸易流通，独关市收其征，则上下皆利，孰与设重禁壅于之为民病。有诏悉除所负。'"② 这样，政府只需要控制住盐产的来源即可，而把销售环节的事务让给商人去处理，对政府来说，又省去很多烦琐手续。

（三）官鬻质量下降，出现亏空

从北宋末期开始，官盐质量的下降成为不争的事实，这使得官盐销售一度不畅，如："（乾兴元年）淮南盐初甚善，自通、泰、楚运至真州，自真州运至江、浙、荆湖，纲吏舟卒，侵盗贩鬻，从而杂以砂土，涉道愈远，杂恶殆不可食，吏卒坐鞭笞配徙相继，而莫能止。比岁运河浅涸，漕辇不行，远州村民，顿乏盐食。而淮南所积一千五百万石，至无屋以储，则露积苦覆，岁以损耗。又亭户输盐，应得本钱或无以给，故亭户贫困，往往起为盗贼，其害如此。"③

---

① 梁庚尧：《南宋淮浙盐的运销（中）》，《大陆杂志》1988年第2期。
② （宋）李焘：《续资治通鉴长编》卷一七，天圣七年三月甲申条，中华书局1992年版，第2505—2506页。
③ （宋）李焘：《续资治通鉴长编》卷一一三，明道二年先是条，中华书局1992年版，第2655页。

两宋时期泰州盐运输主体的演变历经一个较长的过程，从北宋初期的官榷到通商法的实施，到了南宋官榷甚至一度遭到政府禁止，而改由商人全面介入，这种官方与商人之间在盐运输地位上的转变也表明在外界大环境发生变化的情况下，只有适应这种变化，才能维持泰州盐产的存在和发展。

小　结

本章选择泰州作为淮南地区的代表进行个案研究，主要有以下几点认识。

（1）泰州农业的若干问题。以泰州捍海堰为对象，阐述了其地望以及相关作用，认为捍海堰绵延两州，其在防备海潮、提供耕地上作用较大。北宋时政府在泰州通过广招佃户回归的办法以解决逃田问题，南宋时政府通过广招本地和其他州军人户和归正人来耕种，甚至给予产权的办法来解决荒田问题。在政府的努力下泰州可开垦的荒田达到二万一千二百四十八顷四十五亩。

（2）泰州的制盐业北宋时主要选取了政府对亭户的生产支持、对泰州盐场的防潮两个方面，政府通过提供牛具等办法来支持亭户，并在大灾之年通过对亭户的救济来支持其生产。这一支持成效很大，北宋时泰州盐年产量一度达到60万石。政府对泰州海潮的防范也倍加重视。范仲淹、张纶在泰州当政时通过修筑海堤来解决其危害，并长期惠民。南宋初期，政府通过恢复旧有盐场、新设盐场、增加盐场产量、招谕亭户回归的办法支持盐场的生产，并对有成绩的官员进行奖励。同时合并部分盐场，增加产盐效率，加快盐运输速度。

（3）两宋时期在泰州盐运输过程中，政府和商人的地位存在一个演变过程。北宋时，在泰州盐的运输中，政府处于绝对优势地位，并且政府通过法令将商人排除于与亭户直接联系之外，商人只能通过入中的办法取得盐。通商法实施后，商人可以到泰州取盐，相比通商法实施之前，商人的地位有所上升。两宋之交，商人可以通过买盐钞的办法取得泰州盐。绍兴和议后南宋通过各种办法来恢复盐场生产，随着盐场的恢复，政府逐步退出泰州盐运输序列，商人转而成为运输泰州盐的主力。这种转变的原因在于战争、政府为节省开支和充实军费、官盐质量下降等。

结　语

　　淮南地区的经济开发在北宋一直呈上升趋势，在对中央的财政支持中所占份额逐年增加，同时在东南六路中处于较为突出的位置。通过考察，我们发现北宋时淮南地区水利工程分布的密集区域集中于运河区域。到了南宋，本区的主要水利工程分布密集区域则呈现向南移动的趋势。由布局来看，南宋时期淮南地区的主要水利工程大致分布在大江区域与运河区域交汇地带，特别是和州、扬州、真州、泰州等地区。战争是水利工程密集区域南移的最基本原因。

　　漕运是联系物资生产地和目的地的重要运输方式，和陆运相比，节省了许多人力和物力，但是受气候影响比较大，经常因为气候的缘故而严重影响物资的上纳，故北宋政府在淮南地区运河区域四州设置转般仓，来最大限度地降低这种负面影响。由于地势，从真州到京师的运河，呈现东南向西北逐步升高。这样就容易导致运河水的流失，也易导致船只搁浅，因此政府在运河沿岸设置了众多补充水源的工程。从运输方向来看，从东南到西北这样的走势持续了整个北宋时期，到了南宋，由于战争的影响，运河区四州被破坏无遗，转般仓也被烧毁，使运河区域彻底丧失了转般之功能。南宋建都杭州，东南地区的物资输送方向从东南到西北方向转为从西到东这样的方向了。从北宋到南宋，物资的种类、运输路线等均发生了较大的变化，在南宋和平时期，漕运依旧存在，并且一度还产生了比较大的影响。淮南地区的粮食依旧通过漕运上供中央。

北宋时，淮南的茶和盐是重要出产物资，同时也是上供中央的重要物资和财政来源。到了南宋，淮南的盐更是用来供养其军队的主要来源，淮南的茶主要集中于淮南西路的大别山腹地，其他地区也有部分产茶区。政府对淮南茶的买卖办法从官榷到通商的转变，主要还是出于边界粮食需要的考虑，而让利于商人，但在充足军粮的同时，也导致了盐利和茶利大部分被商人攫取，官盐质量越来越差。到了南宋，茶产区完全丧失，而宋初淮东盐区也受到战火的影响，一度丧失了产盐的功用。大规模的战争基本结束后，盐场也逐步恢复了生产。北宋末，北方少数民族政权的南下对茶、盐生产之冲击尤大，但是在和平时期，茶和盐的生产与运销又恢复到原先的水平，这样，淮南区域的茶盐生产就呈现一个上升和下降间隔出现的波动曲线。

淮南的州级区域前人多有研究，不过多集中于扬州。笔者选择较为突出的泰州作为研究的中心。泰州的盐业和农业是其经济开发中最重要的两大产业，基本能反映泰州在淮南的地位。两宋时期，泰州的盐业运输中政府和商人在运输上存在地位的变化，而这种变化也说明了泰州经济开发中商业因素增大，加之军事因素渗透，使北宋政府不得不让商人介入泰州茶盐运销，而南宋时期，这种趋势越发明显，后期，官府力量基本退出了盐业运销，完全由商人承担。这也说明泰州盐业运输中商业因素的渗入已经达到了一个高峰。

正如李觏所言："天下无江淮不能以足用，江淮无天下自可以为国。"① 虽然有些夸大，但也反映了宋代淮南地区在经济开发上的地位和成就。本书对淮南地区的研究就此可以直接为本区域今天的发展提供借鉴。

---

① （宋）李觏著，王国轩点校：《李觏集》卷二八《寄上富枢密书》，中华书局1981年版，第302页。

附录一　南宋淮南地区兵燹多发和政府救灾分析

一　淮南地区兵燹记载统计与分析

（一）兵燹记载统计

关于南宋淮南地区的兵燹记载情况，我们能够掌握的宋代主要史籍有《宋史》、《宋会要辑稿》、四库全书本《江南通志》等。从中将有关淮南地区兵燹并有政府赈灾记载的条目辑出，如下表所列（救灾方式一栏则为第二部分作分析使用）：

表1　　　　南宋淮南地区兵燹和救灾方式

时间	灾情	史料来源	救灾方式
绍兴六年十月	和州……经贼残破	《宋会要辑稿》食货六三之五	蠲免
绍兴六年十二月	淮西……今来贼马破	《宋会要辑稿》食货六三之七、《宋史》卷一七四	蠲免
绍兴六年十二月	滁州……累经残破	《宋会要辑稿》食货六三之五	蠲免
绍兴九年十二月	两淮……虏人践踏	《宋会要辑稿》食货五九之四一	赐物
绍兴十二年五月	舒州残破	《宋会要辑稿》食货六三之八	蠲免
绍兴三十二年四月	淮东州军近贼马蹂践	《宋会要辑稿》食货六三之一九、《宋史》卷三二	蠲免

续表

时间	灾情	史料来源	救灾方式
绍兴三十二年四月	安丰军……金贼侵犯	《宋会要辑稿》食货一二之一五	蠲免
绍兴三十二年八月	淮南路……残破	《宋会要辑稿》食货一之六	蠲免
隆兴元年二月	金贼犯（高邮军），烧毁屋宇、农具、稻斛无余	《宋会要辑稿》食货五八之一	借贷
隆兴元年八月	被……贼马残破	《宋会要辑稿》食货六三之二一、《宋史全文》卷二十四上	蠲免
隆兴二年十一月	虏骑犯边两淮之民皆过江南	《宋会要辑稿》食货五八之三	赈济
隆兴二年十一月	两淮之民流移	《宋会要辑稿》食货五八之三	赈给
隆兴二年十一月	两淮残破	《宋会要辑稿》食货五八之三、《宋史》卷三三	赈济
乾道元年五月	屡经兵火	《宋会要辑稿》食货五八之四	赐钱、赈济
乾道二年三月	扬州、高邮军、真州、无为军、和州……残破	《宋会要辑稿》食货六三之二五	蠲免
乾道二年十月	两淮残破	《宋会要辑稿》食货六三之二六	蠲免
乾道四年三月	真州、六合县人户因为虏人侵扰烧劫残破	《宋会要辑稿》食货六三之二四	蠲免
乾道六年十二月	扬州兵火	《宋会要辑稿》食货六三之三一	蠲免
乾道九年十一月	楚、滁、濠、庐、光州、盱眙、光化军管内……寿春府……残破或经人马侵扰	《宋会要辑稿》食货六三之二四、《江南通志》卷八三	赈恤
嘉定二年六月	两淮被兵	《宋会要辑稿》食货五八之二七	赐度牒

从以上记载来看，兵燹发生地主要有扬州、高邮、真州（治今江苏仪征）、六合、滁州、和州（治今安徽和县）、寿春（治今安徽寿县）、舒州（治今安徽怀宁）、楚州（治今江苏淮安）、濠州（治今安徽定远）、盱眙、无为（治今安徽无为）等处。对其进行考察，可以

看到兵燹多发生在以扬州为中心的地区。从地理位置上看，形成了一个以扬州为核心并辅以淮南运河带的兵燹多发区域。可以知道，宋金两军在淮南地区的战争依然以争夺主要城市为主，而这些城市往往是淮南地区的经济命脉所在。

（二）政府对兵燹的处理方式分析

据表1可以看到，南宋有赈灾记录的兵燹，主要发生在高宗朝和孝宗朝，并且不同时期政府采取了不同的赈灾方式，为了使读者更加直观地了解表1内容，我们不妨将其内容以图的形式表示，在制图过程中，考虑到如某朝没有兵燹及赈灾记载，则该朝不列入。如下图：

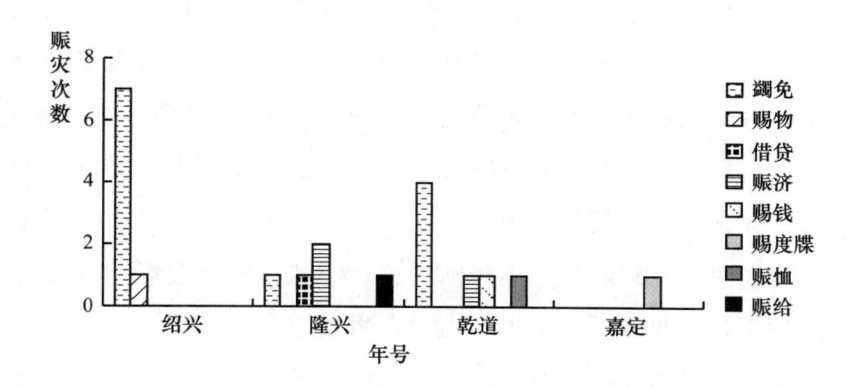

图1　宋淮南地区兵燹赈灾方式简图

从图1看，南宋政府对淮南地区兵燹的赈灾方式有蠲免、赐物、借贷、赈济、赐钱、赐度牒等。灾害管理，古人称之为"振恤"，抑或"赈恤"，"振恤是一个宽泛的概念，在古代，只要涉及到政府对灾害有人力或物力投入的行为都称为振恤"[1]，史籍有明确记载赈灾方式的以实际记载为准，没有确切记载，但能分辨出是政府提供人力

---

[1] 石涛：《北宋政府减灾管理投入分析》，《中国社会经济史研究》2008年第1期。

物力的行为以赈恤表示。"赈恤"虽不能将赈救行为划分得更加详细，但是已经将它和蠲免的差别区分开来。《宋会要辑稿》上说"朝廷荒政有三：一曰赈粜，二曰赈贷，三曰赈济，虽均为救荒，而其法各不同。市井宜赈粜，乡村宜赈贷，贫乏不能自存者宜赈济"①。点明了在不同情况下使用不同的赈救方式：赈贷是政府借出粮食或钱物，但是有期限的，到了期限需要归还；赈粜是政府减价出卖粮食给灾民；赈济是无偿提供粮食或者人力为灾民服务。赈贷、赈粜、赈济、赐物都属于提供人力物力一类。蠲免是将原定赋税上供予以免除，不存在政府投入人力物力，蠲免和振恤不同在于粮食物资的转移方向，振恤是物资粮食从政府转移到灾区，蠲免是粮食赋税由灾区停止转移到政府一方。借贷使用在救灾上和赈贷有类似之处，所以我们可以将借贷视为赈贷。再回到图1，在对兵燹进行赈灾时，南宋政府多使用蠲免，特别是在高宗时期，使用上占绝对优势，除了蠲免外，几乎没有采用过其他的救灾方式。其原因为何？其一，一般来说，政府在实施振恤时，可能会同时实施蠲免，不实施蠲免，赈恤就可能会影响救灾的效果，因为两者方向相反，一进一出，在数量上会产生抵消。其二，我们可以联系当时的政治军事状况看，南宋之始，金军追击赵构，曾经到达浙江沿海，高宗一度入海避难②，与此同时，其财政状况也是非常拮据的，"……中央财政空虚，有时甚至连中央的正常开支都不能保证"③，对地方的赈灾无法顾及，实施蠲免，是这种状况下减轻淮南地区兵燹消极作用之较有效的办法。绍兴后期，财政状况虽有好转，

---

① 《宋会要辑稿》食货六八之九八，第6302页。
② 施谔纂修：《淳祐临安志》卷一〇，《宋元方志丛刊》第四册，中华书局1990年版，第3321页。
③ 刘云：《南宋高宗时期的财政制度变迁》，《中国社会经济史研究》2008年第1期。

但仍然捉襟见肘，仅军费就消耗了基本财政收入。① 所以从这里看，高宗时期对淮南地区兵燹的赈救以蠲免为主其实是不得已而为之。到孝宗时期，宋金签定和约以及南宋王朝日趋稳定巩固并且财政状况趋于良性发展，政府对淮南兵燹的赈救方式亦随之有所改变，不再以单一的蠲免为主，采取了更为灵活的借贷、赈济、赐钱等方式，中央的赈灾钱物进入淮南灾区，应该说，孝宗朝政府对淮南兵燹赈灾方式的多样化，亦是其国力得以恢复的体现。视线回到图1上，我们没有看到南宋末期关于淮南地区的兵燹记载，查阅相关史料发现，这一时期正是蒙古军灭宋之关键，何以记载不存？南宋后期开始，元军采取的是先攻取襄阳的策略，主攻方向已不在淮南。早在世祖即位之初，大臣郭侃就说："宋据东南，以吴越为家，其要地荆、襄而已。今日之计，当先取襄阳…"② 宋朝降将刘整在应对忽必烈如何攻宋的问题上，"奏攻宋方略"，也认为"宜先从事襄阳"。③ 忽必烈采取了刘整的方案，攻下襄阳之后沿江而下。所以就上述分析相比而言，元军给淮南地区造成的直接破坏比金军要小。这可能是南宋末期淮南地区的兵燹赈灾记录在图1上缺乏记载的一个原因。

（三）政府赈灾重复记载分析

分析表1中有政府赈灾的兵燹记录，发现有几处记载有重复，为什么会出现这种情况？察看《宋会要辑稿》发现，除去可能因记录者不是一个人，在记载内容上未加核实而造成重复记载外，对同一次兵燹，政府有两次，甚至三次对此进行赈灾，这样亦导致记录重复出现。如隆兴二年（1164）十一月金军骑兵在淮南制造成兵燹后，南宋

---

① 刘云：《南宋高宗时期的财政制度变迁》，《中国社会经济史研究》2008年第1期。
② 陈得芝等撰：《元代奏议集录（上）》，浙江古籍出版社1998年版，第139页。
③ 《元史》卷六，中华书局1976年版，第116页。

政府对从淮南流移到江南的人口采取的是赈济办法，对于留在淮南之灾民又实施赈济。又从别处调集粮食对淮南乡村实施赈济。① 这很明显是针对这次兵燹而实施的赈灾行为。多次赈灾，一者，可能灾情确实比较严重，二者，可以知道南宋政府对此地的灾情亦比较关注，期望其恢复原状的意愿相对迫切。

兵燹和其他灾害明显不同的一个特征是它持续时间较长，乾道四年发生的一次兵燹发生地点在扬州一带，还波及扬州附近的仪征、六合，断断续续持续了二年，直到乾道六年，灾情仍未好转，政府不得不再次对其赈灾。② 同样有隆兴元年对绍兴三十一年兵燹进行赈灾的记录，持续时间也在二年以上。③ 灾害持续时间长，对当地的经济、社会恢复极为不利，政府不但要加大恢复性投入，还要考虑人口的迁入、经济、社会的恢复问题。兵燹与自然灾害另一个不同在于两者的引发原因，自然灾害是天然的、不确定的，不以人的意志为转移；兵燹的引发原因是人为的，当然，兵燹依然为社会规律所约束。南宋淮南地区兵燹还有一特征是淮南地区的兵燹明显集中于高宗、孝宗时期，这和南宋初年金军对南宋的军事进攻情况是相吻合的，北宋灭亡后，淮南地区出现的较大军事行动如金军追击赵构、海陵侵宋都发生在这两朝，作为行在直接屏障的淮南地区经受的兵燹数量增加亦在情理之中。

二 淮南地区兵燹多发的宏观因素

（一）淮南地区功能的形成及其转变

某一地区在国家中的功能变动可能会影响到兵燹发生的次数，亦

---

① 《宋会要辑稿》食货五八之三，第5822页。
② 《宋会要辑稿》食货食货六三之三一，第6002页。
③ 《宋会要辑稿》食货食货六三之二一，第5997页。

可能影响政府的救灾方式,进而影响政府对其人力物力投入。全面看待兵燹多发原因,笔者认为有必要结合北宋时期淮南地区的情况来分析。"衡量一个地区在整个国家中的地位,首先需要明确它对国家所作贡献的大小和贡献的方式,其中财政上的贡献,可能是最引人注目的一面。"① 从淮南地区每年上供看,太祖开宝五年,"冬十月,江、淮米十万石至京师,即是从信之策行也"②。这是北宋江、淮米运抵东京较早的记载。"(开宝九年二月)铁骑左右厢都指挥使李怀忠乘间言曰:东京有汴渠之漕,岁致江、淮米数百万斛,都下兵数十万人,咸仰给焉。"③ 北宋时,在度量单位上,一斛等于一石④,这样每年就是数百万石粮食运至京师。从北宋中期淮南路一百三十万石⑤粮食的上供来分析,江、淮米数百万斛的上供应该不仅是本书所述淮南地区的上供。太宗至道元年,"九月,先是,汴河岁运江、淮米三百万石,菽一百万石;黄河粟五十万石,菽三十万石,以给京师兵食,非水旱蠲放民租,未尝不及其数"⑥。沈括也说:"发运司岁贡京师米,以六百万石为额,淮南一百三十万石,江南东路九十九万一千一百石,江南西路一百二十万八千九百石……两浙路一百五十万石。"⑦ 北宋太宗时期经过淮南地区运输到东京的米每年不下三百万石。北宋中期淮

---

① 余蔚:《两宋政治地理格局比较研究》,《中国社会科学》2006年第6期。
② (宋)李焘撰:《续资治通鉴长编》卷一三,中华书局1992年版,第290页。
③ (宋)李焘撰:《续资治通鉴长编》卷一七,中华书局1992年版,第369页。
④ 详见吴承洛《中国度量衡史》:"唐以前,均以十斗为斛,斛乃五量之大者。清末重定度量权衡制度斛说云:今之斛式,上窄下广,乃宋贾似道之遗。改斛之进位为五斗,置石为十斗,以补斛名之缺,其法乃始于宋。"(上海书店出版社1984年版,第238—239页。)
⑤ (宋)沈括撰,胡道静校点:《梦溪笔谈》卷一二,辽宁教育出版社1997年版,第73页。
⑥ (宋)李焘撰:《续资治通鉴长编》卷三八,中华书局1992年版,第820页。
⑦ (宋)沈括撰,胡道静校点:《梦溪笔谈》卷一二,辽宁教育出版社1997年版,第73页。

南本区的上供亦不下一百三十万石,经过淮南的稻米也达到五百万石。可见,淮南地区输往东京的上供稻米数量是逐步增长的,从太祖时期的十万石,到北宋中期的一百三十万石。同时我们也看到,淮南地区还是江南稻米输往京师的重要通道。有学者认为在北宋中期的淮南地区,政府每年掌握的粮食超过五百万石,笔者不敢苟同①。宋晞先生说:"本区(巢湖区)包括今日江苏、安徽两省淮水以南、长江以北地,及湖北省的一小部,就是当时的淮南东、西路,稻米也是区内的主要农产。"②淮南稻米出产在这五百万石输往京师稻米中占大约1/4,这应该是一个相对可信的数字。淮南地区从北宋初年开始,逐渐成为主要稻米产区。从宋代政府对淮南地区颁布的诏令中看,显然政府对淮南地区的稳定和农业生产还是相当关注。③应该说在整个北宋时期,淮南地区承担的是京师供馈区功能。只是到南宋时期,淮南地区的稻米生产,已经发生了变化。"……及稻米丰收时的两淮,有时也有稻米出口,不过,就大体上说,这两地以输入稻米的时候为多……至于两淮,当日农田破坏得相当厉害,事实上丰收的时候并不

---

① 参见柴静《两宋时期两淮地区农业经济初探》(《安徽史学》2000年第1期),该文引用"大中祥符三年江淮发运使李溥言今春运米凡679万石,诸路备留三年支用……淮南路留330万石,外有上供57万石……"(《续资治通鉴长编》卷七五)认为"以淮南路漕运数为130万石计算,加上备留的330万石和上供的57万石,那么两淮每年仅政府掌握的粮食就达到517万石"。笔者认为从诸路备留三年支用来看,淮南路每年上供是130万石,三年是390万石,淮南路留330万石外加上供57万石,接近390万石,政府将淮南路三年上供留下330万石用于备荒,柴文可能将政府三年备留数再加上每年上供数算作每年淮南地区的政府实际掌握数,此观点值得商榷。

② 宋晞:《北宋稻米的产地分布》,宋史座谈会《中华丛书宋史研究第一辑》,"国立"编译馆中华丛书编审委员会出版,1958年6月印行,第131页。

③ 详见《宋大诏令集》卷一五一《江淮水旱命李迪等安抚诏》《去秋江淮旱命知制诰陈知微等巡抚淮南户判官袁成务巡抚两浙诏》,卷一五二《遣使循诸郡诏》,卷一五五《淮南旱曲赦德音》,卷一八五《招诱流民复业给复诏》,卷一八六《罢淮甸和籴诏》,卷一八七《遣使巡抚诏》,中华书局1962年版。

算多,故稻米的出口量也是远不及入口量那么多的。"① 淮南地区从稻米出口地变化为输入地,作为粮仓的功能大大衰退②。从最高统治者的视角来看,"……金人犯边,高宗下诏亲征,而两淮失守,朝臣多陈退避之计,帝(孝宗)不胜其愤,请率师为前驱"③。可知两淮的屏障作用对南宋来说是不可或缺的。从南宋朝廷的角度来看,南宋"给事中金安节等言奉圣旨,杨存中等探访到淮南西路利害,并李显忠已见今侍从台谏看详,切详朝廷初意,大要有三:一曰,据形势要害以御寇……"④ 这个时候淮南已经成为防御金军的要害。国内有学者也认为,淮南此时更多是承担对临安的屏障作用,"行都最直接有力的军事屏障,由淮南大区提供"⑤。从南宋前期开始,淮南地区成为南宋抵抗金军入侵的屏障和缓冲区了。据上,此时淮南地区主要承担的是防御金军南下的功能。谈到这种功能,一般则是就军事角度而言,应该说从北宋的供馈功能向防御功能的转变对兵燹的增加是有一定影响的。

(二)淮南地区区位的形成及其转变

为了更直观了解淮南地区区位在两宋之交的转变,现列出淮南地区在宋朝疆域区位图,根据谭其骧先生的《中国历史地图集》简要绘制如下:

---

① 全汉昇:《南宋稻米的生产与运销》,"国立"编译馆《中华丛书宋史研究集第四辑》,"国立"编译馆出版,1958年版,第411页。
② 国内有学者认为两宋时期的淮南地区农业历经一个由盛而衰的转变。参见吉敦谕《宋代东南地区农业经济的历史作用》,《历史教学》1998年第7期。
③ 《宋史》卷三三《孝宗一》,中华书局1977年版,第617页。
④ (宋)李心传:《建炎以来系年要录》卷一九七,绍兴三十二年二月庚子条,上海古籍出版社1992年版,第3册,第825页。
⑤ 余蔚:《两宋政治地理格局比较研究》,《中国社会科学》2006年第6期。

图 2　北宋淮南地区区域位置简图　　图 3　南宋淮南地区区域位置简图

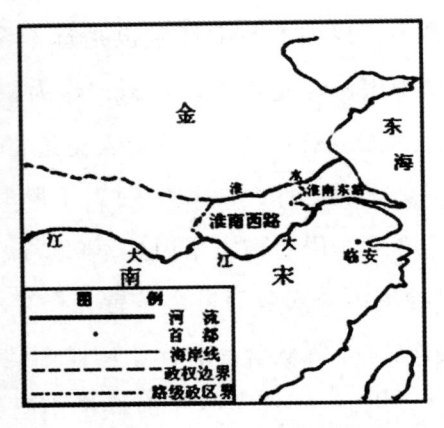

对比图 2、图 3，看淮南地区在南宋和北宋时期的区位，我们可以发现，北宋时期淮南地区主要是淮南东路和淮南西路①，其中淮南东路还包括位于淮河以北的部分地区，这个时期整个淮南地区位于北宋疆域的中东部，与边境相距较远，北方民族南下，首都东京应该是其特别关注的地区②，在关注东京之后会可能会关注淮南地区。和北宋时期相比，南宋时期的淮南二路丧失了淮河以北的土地，包括泗州和涟水军。还有一个特点是在南宋时期，作为南宋一部分的淮南地区和金朝紧邻，北宋时期，宋辽边界远在河北，淮南地区位于京畿邻近地区，没有大的战争纷扰。到南宋时，它和金的边界已经南移到淮河一线。淮南地区紧挨这条边界。从区位看，淮南地区位于南宋疆域的东北方，紧邻金国的南京路，直接面临来自北方民族政权的压力。淮南地区的区位已经发生了转变。南宋在此置备军队，并开展屯田，以

---

① 太宗至道三年淮南路分为东西二路，详见《续资治通鉴长编》卷四二，中华书局 1992 年版，第 901 页。

② 事实上，这个时期北方民族南下攻灭中原政权，多以中原政权之首都为主要目标，采取相同方式的还有辽太宗灭后晋。

军养军。如：绍兴元年，给事中廖刚言："国不可一日无兵，兵不可一日无食。今诸将之兵备淮南不知几万，初无储蓄，日待哺于东南之转饷，浙民已困，欲救此患莫若屯田。"① 绍兴六年，张浚亦曾在淮南屯田②。在这种两国长期对峙的状态下，战争次数增加的可能加大。所以我们认为，两宋淮南地区区位的转变，是兵燹增加的另一重要因素。

综上所述，微观上，南宋对淮南地区的兵燹赈灾是与其面临的军事政治状况相联系的。宏观上，南宋初年，淮南地区承担了防御北方民族南下的作用，这是此处兵燹增加的因素之一；与此同时，淮南地区区位的转变，由早先的京畿邻近地区成为两国边界地区，在战争的情况下，成为兵燹增加的另一因素。南宋淮南地区兵燹的增加是诸因素共同作用的结果。

---

① 《宋史》卷三七四，中华书局1977年版，第11590页。
② 《宋史》卷一七六，中华书局1977年版，第4271页。

附录二　南宋淮南地区军事地位变迁初探

南宋一百多年与金、元等政权的攻防，使得艺祖开创基业以来的重文轻武政策得到部分改变，南宋不得不起用武人与之对抗，虽然重武思想从未见诸庙论，但是防武传统亦有所缓和。南宋攻虽不足，守却有余[1]，这与其重视边备的建设有相当的关系。南宋在荆湖、四川、淮南与北方政权接壤之地皆部署重兵，使这些地方对北方政权具有较强的攻防能力，但是，毋庸讳言，此种能力并不是短期内形成的，并且形成后一个时期内也可能会发生某种改变。关于淮南地区军事地位之变迁的研究至今未发现专文[2]，下面就其军事地位的变迁情况试作一论述。

一　淮南地区军事地位变迁过程

（一）淮南军事藩篱地位的初步形成

南宋建国时，历经兵火涂炭，高宗和他的支持者被迫南下，一度

---

[1] 李裕民：《宋代"积贫积弱"说商榷》，《陕西师范大学学报》2004 年第 5 期。
[2] 本文所述的江淮地区东到大海、北至淮河、西达大别山、南到大江，还包括淮东的淮河以北地区和淮西的大别山以西地区。

到海上避难，定都临安后开始着手建立自己的防御体系。对于淮南地区的作用，正如翰林学士汪藻所言：

> 古者两敌相持，所贵者机会，此胜负存亡之分也。金师既退，国家非暂都金陵不可，而都金陵，非尽得淮南不可。淮南之地，金人决不能守，若刘豫经营，不过留签军数万人而已。盖可驱而去也……臣愚以为正二月间，可便遣刘光世或吕颐浩率所招安人马，过江营建寨栅，使之分地而耕，既固行在藩篱，且清东西群盗，此万世一时也。①

汪藻认为在江南建都的有利之处是：有大江为屏障，大江以北，有淮甸护卫，两重屏障护卫首都，可确保安全。但是此时他们的眼光局限于江北之一隅，认为只需在江北沿江之地设立军营驻军，同时展开屯田以解决粮饷问题而已。就是有识之士也只认为眼前之计是在江北占据一块地面，以保卫金陵："知无为军王彦恢言建康古都乃用武之地，欲保建康必内以大江为之控扼，外以淮甸为之藩篱。"② 至于更深入的考量，对如何占据淮南地区，之后如何经营之，则未能提出更加详细的筹划。

对于淮甸，南宋人已有清楚的认识：

> 自古未有欲守长江而不保淮甸者。淮甸者、国之唇，江南

---

① （宋）李心传：《建炎以来系年要录》卷四〇，建炎四年十二月丁酉条，上海古籍出版社1992年版，第1册，第575页。

② （元）佚名著，李之亮点校：《宋史全文》卷一八上，黑龙江人民出版社2005年版，第1067页。

者、国之齿，唇亡齿寒，其理明甚，金人遁三年矣，边备宜日有可恃，乃反不如前日，淮甸数十州，地方二千里，孙权以来所恃以为障塞者，今不过置一二镇抚使以处盗贼，一旦有急，安知不并力助敌？为彼先驱，藩篱何赖焉。①

南宋人将江南视为国之齿，将淮南比作国之唇，唇亡则齿寒，要求朝廷重视淮南之军事地位。对于朝廷仅在淮南设置一二镇抚使的态度并不认同。和汪藻的态度相比，此时南宋人不仅要求朝廷重视淮南的军事作用，而且要站在更高位置，放眼整个淮南区域，这更进一步提升了本区的军事地位。对于本区有更加深远的作用，南宋人也有自己的看法："今光世未移兵渡江，诚恐真扬楚泗见屯不多，贼众或渡淮，则淮南为所蹂践，江浙必震。"② 直接指出了淮南对于护卫江浙有莫大的影响。又有"张浚奏曰：'若诸将渡江，则无淮南，而长江之险与虏共，而浮光之屯，正所以屏蔽大江，使贼得淮南，因粮就运，以为家计，江南其可保乎？'"③ 朝廷也开始让江南路分的主要官员以兼领淮南事务，并且在委任淮南官员时开始依靠那些有盛名的大臣来维持其局势。"丁酉，诏以淮南民未复业，全籍威望大臣措置，令江东安抚大使吕颐浩、江西安抚大使朱胜非、浙西安抚大使刘光世并兼宣抚淮南，颐浩领寿春府、滁、庐、和州、无为军。胜非领德安府、舒、蕲、光州、汉阳军。光世领真、扬、通、泰、承、楚州、涟水

---

① （宋）李心传：《建炎以来系年要录》卷五九，绍兴二年十月辛卯条，上海古籍出版社1992年版，第1册，第779页。

② （宋）李心传：《建炎以来系年要录》卷五七，绍兴二年八月甲辰条，上海古籍出版社1992年版，第1册，第762页。

③ （明）柳瑛纂：《中都志》卷六，嘉靖三十年补刻本。

军。"① 对于在本区的军事部署，在淮东，高宗拟先派刘光世经略之，但是刘光世却畏惧金兵，以江浙重地，不易远行。② 后只得改派韩世忠经略淮东。随后南宋任命了淮南两路的最高军事长官，这宣布了南宋正式开始经营淮甸。"乙亥，江东宣抚使刘光世为江东淮西宣抚使，置司池州，淮南东路宣抚使韩世忠为建康镇江府淮南东路宣抚使，置司镇江府……神武副军都统制江西制置使岳飞为江南西路、舒州、蕲州制置使，置司江州……"③ 南宋在淮南的军队数量，韩世忠军从介入到被解除兵权为止，全军最多时只有3万人。"癸未，张俊、岳飞至楚州，飞视兵籍，始知韩世忠止有众三万，而在楚州十余年，金人不敢犯……"④ 刘光世全军人数，史籍中记载刘光世全军5万人⑤，8000人驻扎建康，4万多人驻扎淮西。虽然刘光世的宣抚司置司池州，但是他本人却一直驻于建康。池州则由大将李显忠率领1.9万人驻防。⑥

关于南宋在本区的军事部署，沿江从西往东看，李显忠驻扎在池州，全军渡江屯驻于枞阳，⑦（绍兴三年）刘光世派郦琼驻扎于江北

---

① （宋）李心传：《建炎以来系年要录》卷四四，绍兴元年五月丁酉条，上海古籍出版社1992年版，第1册，第608页。
② （宋）李心传：《建炎以来系年要录》卷五一，绍兴二年二月己卯条，上海古籍出版社1992年版，第1册，第693页。
③ （宋）李心传：《建炎以来系年要录》卷六八，绍兴三年九月乙亥条，上海古籍出版社1992年版，第1册，第889页。
④ （元）佚名著，李之亮点校：《宋史全文》卷二一上，黑龙江人民出版社2005年版，第1353页。
⑤ （宋）徐梦莘：《三朝北盟会编》卷一四二，上海古籍出版社2008年版，第1036页。
⑥ 《宋史》卷三六七，中华书局1977年版，第11430页。
⑦ （元）佚名著，李之亮点校：《宋史全文》卷二三上，黑龙江人民出版社2005年版，第1568页。

和州一带，声援濠州和庐州，借以震动伪齐，使其不敢南犯。^①韩世忠军依旧驻扎于镇江，可见南宋的军队主要沿江两岸驻军，并不深入淮甸。这至少说明一点：此时南宋经略重点是大江一线，防备金军渡江还是南宋要解决的首要任务。不过我们可以看到淮南藩篱之地位已经初步形成了。

（二）淮南藩篱地位的强化

随着时间的推移，南宋人认为淮东的要害是清河口，淮西的要害在涡口和颍口，所以一定要加强防守这三处。^②相比前期对本区处于藩篱地位的看法则又有所深入。为什么认为这三处是要害？因为这几处位于淮河与淮河以北的支流交汇之处，战争期间，是军事物资水上运输必经之地，扼住这些地方，就能够让金军的后勤运输产生很大困难。"宜先措置清河，楚州高邮一带，庶可遏敌粮道……"^③同时也是金军南下的重要运兵通道，"（隆兴二年）是年十月，金将纥石烈志宁自清河口入淮，魏胜战拒于淮阴，败绩，遂陷楚州"^④。南宋朝廷已知其重要性，遂命令刘琦、王权、李显忠、戚方各自负责防守沿淮三处河口。^⑤李显忠的军队在池州渡江后，李显忠本人则在茨湖渡江，赶到和州。"辛丑，金人自涡口系桥渡淮，先是池州都统制李显忠提兵在寿春、安丰之间。"^⑥为什么部署李显忠在寿春、安丰之间？淮西

---

① （宋）李心传：《建炎以来系年要录》卷六九，绍兴三年三月辛亥条，上海古籍出版社1992年版，第1册，第11页。

② （宋）佚名著，汝企和点校：《续编两朝纲目备要》卷一四，中华书局1995年版，第264页。

③ （元）佚名著，李之亮点校：《宋史全文》卷二四下，黑龙江人民出版社2005年版，第1689页。

④ 武同举：《淮系年表全编·宋二》，民国十七年刊本，据两轩存稿铅印。

⑤ （元）佚名著，李之亮点校：《宋史全文》卷二三上，黑龙江人民出版社2005年版，第1571页。

⑥ 同上书，第1574页。

要害涡口、颍口在这两地附近应是一个重要因素。南宋要防备金军于此渡淮。这样看来，南宋此时已在淮河一线驻军，相比前者，防卫线又向北推进，这样使得淮南地区整个都成为防护江南的屏障。对于各个州县的经营，南宋政府逐分别委派官员进行治理。南宋前期之淮南地区，政府在农业的扶持上，主要有两种办法，其一是招徕北人或者流民来从事农业，负责这一工作的本区地方官多注意措置招亡，并且颇有成效。"绍兴二十年三月癸酉左朝奉大夫，新知庐州吴逵言两淮之间，平原沃土，皆膏腴，宜谷易垦，稍施夫力，岁则有收，望置力田之科，募民就耕淮甸，辟田以广官庄。"① 同时又很注意做好当地百姓的安抚。"左朝散郎何洋通判池州，时滁州初经残破，民未复业，乃以洋知滁州。洋抚循居民，兴建学校，民赖以安。"② 在政府的小心措置下，除战争期间，淮南地区得到了较好的恢复。其二，南宋在淮南地区的屯田缓解了严峻的军队给养问题。"两淮合行屯田，以便军实……今来以除镇江府都统制，所有淮南东路屯田理合委官，令郭振同王弗、周综疾速措置。"③ 南宋朝廷还只是让部分驻扎在淮南的军队屯田，实行寓兵于农的政策，较好地解决了军粮问题。故此时南宋政府在淮南地区的策略为：以淮河南岸为一线部署军队，防守重点是三个河口，辅以军队机动与渡淮的金军和伪齐军队作战。如淮西统制官郦琼就曾经攻克光州，抓获了伪知州许约。④ 淮西宣抚司统制官王

---

① （宋）李心传：《建炎以来系年要录》卷一六一，绍兴二十年三月癸酉条，上海古籍出版社1992年版，第1册，第248页。

② （宋）李心传：《建炎以来系年要录》卷八四，绍兴五年正月己酉条，上海古籍出版社1992年版，第1册，第170页。

③ （元）佚名著，李之亮点校：《宋史全文》卷二四下，黑龙江人民出版社2005年版，第1667页。

④ 《宋史》卷二八，中华书局1977年版，第518页。

德击破敌人于滁州的桑根。① 在这条防御线背后是南宋政府任命的大小行政官员,他们对淮南地区的恢复与发展起到了重要的作用。如:"知滁州何洋就曾经向朝廷上报本州残破,请求将上供及应合进贡之物,并蠲免二年朝廷对其予以减免。"② "知泰州邵彪针对本州营田请求每亩课税五升,田土瘠薄的,予以裁减。"③ 很显然,此时的淮南地区已经不仅仅是只靠大江来作江南之藩篱了,整个淮南地区都处于这种地位。本区的藩篱作用得到了强化。

(三) 北进基地的建立

宋金绍兴和议后,虽然战事暂时平息,但是作为藩篱的淮南地区的功能一直没有改变,两国陈兵淮河两岸,隔河对峙。孝宗登位,欲改变南宋初年以来的金宋不平等关系,通过对金用兵,恢复大宋旧疆,发动了对金的战争,在对金开战前,南宋在淮南地区做了充分的准备,首先在本区补充兵员,"(绍兴三十二年)十二月令江、淮宣抚司增招武勇效用军"④。招兵增加了士兵数量,扩充了部队。又"诏淮南诸州存恤淮北来归之民,权免税役"⑤。北来之民是本区兵员和生产之民的重要来源,在高宗时,因担心给金朝留下口实,曾多次下诏不许淮南各州接纳北来之民,如:"(绍兴十八年三月)乙酉,禁民私渡淮及招纳叛亡。"⑥ 又有"(绍兴三十一年五月)己丑,命沿

---

① 《宋史》卷二七,中华书局1977年版,第513页。
② (宋) 李心传:《建炎以来系年要录》卷八四,绍兴五年正月戊辰条,上海古籍出版社1992年版,第1册,第177页。
③ (宋) 李心传:《建炎以来系年要录》卷八七,绍兴五年正月辛丑条,上海古籍出版社1992年版,第1册,第231页。
④ 《宋史》卷三三,中华书局1977年版,第620页。
⑤ 同上书,第618页。
⑥ 《宋史》卷三,中华书局1977年版,第568页。

淮州郡毋纳北人"①。此时朝廷政策为之一变，"辛亥，振淮东义兵及归正人"②。以致"淮北民兵崔唯夫、董臻等率众万余来归"③。甚至"淮东巡尉有纵逸归正户口过淮者，夺官有差"④。甚至有"光州守宋端友招集北归者止五户，而杂旧户为一百七十，奏以幸赏，季宣按得其实而劾之。时端友为环列附托难撼，季宣奏上，孝宗怒，属大理治，端友以忧死"⑤。最重要的是南宋官方在淮南地区展开的大规模屯田，为此种转变奠定了经济基础，同时为北进中原做好了经济上的准备。"绍兴三十一年五月癸酉朔，给两淮民兵荒田。"⑥"（三十二年四月）甲戌，募民耕淮东荒田，蠲其徭役及租税七年。"⑦ 这些积极的措施都使得淮南军事地位的改变成为可能。开禧北伐前，经过三十多年的建设，淮南经济已得到恢复，这使得北伐得到本区经济上的支持，"（庆元元年）二月丁巳朔，诏两淮诸州劝民垦辟荒田"⑧。楚州王益祥措置宝应、盐城县屯田月一千余顷⑨，还担心准备不足，又从其他路分和州县运输物资进入淮河一线，"嘉定兵兴，扬楚间转输不绝，濠庐安丰舟楫之通亦便矣，而浮光之屯，仰馈于齐安、舒、蕲之民，远者千里、近者已数百里"⑩。"同时在淳熙四年十一月丁酉，诏两淮归正人为强勇军。"⑪"（庆元元年）十二月癸亥，置楚州弩手效

---

① 《宋史》卷三二，中华书局1977年版，第600页。
② 《宋史》卷三三，中华书局1977年版，第619页。
③ 《宋史》卷三二，中华书局1977年版，第601页。
④ 《宋史》卷三四，中华书局1977年版，第653页。
⑤ （清）赵良墅修，田实发纂：《合肥县志》卷二十，雍正八年刻本。
⑥ 《宋史》卷三二，中华书局1977年版，第600页。
⑦ 同上书，第610页。
⑧ 《宋史》卷三七，中华书局1977年版，第718页。
⑨ 《宋会要辑稿》食货六之三十一，第4894页。
⑩ 《宋史》卷一七五，中华书局1977年版，第4261页。
⑪ 《宋史》卷三四，中华书局1977年版，第664页。

用军。"① 显而易见,无论是兵员的配备,还是从军粮的筹措来说,此时的淮南地区都为北进做好了各项前期筹划。本区又经历了一次地位之改变。

(四)藩篱地位再次凸显

金朝灭亡之后,南宋和北方政权之间的战争很快展开,淮南对北方政权的防御可以分为两个阶段:宋蒙阶段和宋元阶段。其一,蒙古以"端平入洛"为借口,大举进攻淮南,主攻方向有二:一部分包围光州、进攻安丰和庐州,另一部分则在大别山以西攻击蕲州和黄州。南宋在光州、安丰一线的守将是杜杲,杜杲采取积极防御的办法,先把淮北顺昌的士民迁到淮南②,这一做法使蒙军不能据其为攻宋的基地,这是宋军取胜的因素之一。其二,坚守城池,严密设防,积极待援。在淮东,蒙古军围攻滁州,宋军池州都统赵邦永及时援救,蒙古军攻城不下,只好退走③。在淮西,另一路蒙古军在口温不花率领下,攻击蕲州和黄州,当蕲州被围时,南宋大将孟珙率师来援,击败蒙古军。由于孟珙措置有方,蒙古军在蕲、黄没有取得大的进展。此时宋军在淮南的部署,在以淮河以南为主要防御线之外,另将这条防御线向西延伸再向南转至黄州和蕲州,蒙古军在淮南集中进攻安丰。安丰和庐州、濠州并称为淮西三大重镇。对于此处战事,南宋派余玠援救安丰,"十一月己亥,淮东提刑余玠以舟师解安丰之围"④。在这个阶段,蒙古没有取得多大突破,除了搜掠一些小城外,一个重镇也未能攻下。其三,应和本区地势有关,蒙古所掠地区,庐、光之地,蕲黄

---

① 《宋史》卷三七,中华书局1977年版,第720页。
② (宋)刘克庄著,王蓉贵等校点:《后村先生大全集》卷一六三《制置杜大卿》,四川大学出版社2008年版,第7册,第4175页。
③ 《宋史》卷四二,中华书局1977年版,第818页。
④ 同上书,第823页。

之间丘陵居多,就是淮东之滁州等处,也是间有丘陵,连欧阳修也说"环滁皆山也",淮东大部分地区都以水系居多,这非常不利于蒙古军骑兵为主的作战。由于南宋积极防守淮南地区,使得江南没有过早经受战火。此时,淮南地区的作用又以防御为主。

宋元阶段,元军再次进攻淮南,这次是以淮河一线为主要攻击方向,元军采取了新的策略,在淮河两岸筑城以此对抗宋军,如:"至元八年六月山东统军塔出、董文炳侦知宋人欲据五河口,请筑城守之。"① 可以看出,元军攻击淮南的策略发生了改变,由过去的长途奔袭及深入本区抄掠转换成筑城防守,伺机出击。宋军也通过筑城与元军对抗,在五河宋军修筑了新城②,和元军占地不同,宋军筑城却需要大量扩占民地,宋人对此评价说:"彼所筑者,金城铁壁,我所筑者,夺民之地为之。"③ 两军互以筑城与对方对抗,宋军在淮南逐步丧失优势,两军打起了持久战。

(五) 防御地位之衰亡

南宋再次丢失荆襄后,元军采取了顺流而下的策略,并在丁家洲大破宋军,宋军主力在这一战损失殆尽,淮南地区的防御之作用已远不如从前,其原因是多方面的。淮南早已破败不堪,防御力量衰弱,历经蒙元多次冲击,淮南地区早已是"芦荻飕飕风乱吹,战场白骨暴沙泥。淮南兵后人烟绝,新鬼啾啾旧鬼啼"④ 一幅悲凉的景象。关于南宋淮南军力衰弱,元将阿术说:"臣略地江淮,备见宋兵弱于往昔,今不取之,时不能再。"⑤ 元军顺江而下,使淮南的防御作用大大降

---

① 《元史》卷七,中华书局1976年版,第136页。
② 《宋史》卷四六,中华书局1977年版,第907页。
③ 胡昭曦:《宋蒙关系史》,四川大学出版社1992年版,第340页。
④ (宋) 汪元量著,孔凡礼点校:《增订湖山类稿》,中华书局1984年版,第43页。
⑤ 《元史》卷八,中华书局1976年版,第153页。

低,从地域上看,淮南最主要的防御作用是针对北方政权从淮河一线直接南下,元军攻克荆襄后,"中统十二年正月,黄、蕲、江州降。公率舟师趋安庆,范文虎出降。继下池州"①。直捣建康。元军的行动打破了以往北方政权南下侵犯南宋的基本路径,变渡淮为沿江而下,这样就使淮南地区这个屏障失去了它基本的作用。元军取得大江控制权,割断了淮南与江南之联系,淮南地区得不到江南的物资供应。南宋李庭芝等人守扬州,元军占据大江,围住扬州,"冬,城中食尽,死者满道……知淮安州许文德、知盱眙军张思聪、知泗州刘兴祖皆以粮尽降"②。

二 影响淮南地区军事地位变迁因素

(一)淮南地区军事实力消长

南宋初年,高宗定都临安,派刘光世、韩世忠两军经略淮南,韩世忠军经略淮东数十年,全军3万人,刘光世军驻扎在淮西的有郦琼部4万人,此时南宋经略淮南军队共有7万人。到淮南地区成为江南的屏障时,南宋在淮南除韩世忠军外,还有刘琦、戚方、王权、郦琼、王德、杨沂中、李显忠等部队,王德所部有众8000人,刘琦所部2万人,李显忠有军1.9万人,杨沂中有军2万—3万人,淮南地区还有数量不等的民兵。这样,南宋在淮南地区部署军队超过10万人,相比之前,淮南地区的军力大为增长。到孝宗时,南宋已不满足单纯的防守,从淮南地区出发北进宋军13万人接连攻克了宿州、虹县等地,特别是拿下淮北重镇宿州令南宋士人大为振奋。后宋军败回淮南,笔者以为此次失败,很大一部分原因是主将不和,配合不力,"邵宏渊

---

① (元)苏天爵著,姚景安点校:《元朝名臣事略》,中华书局1996年版,第28页。
② 《宋史》卷四二一,中华书局1977年版,第12602页。

与显忠不相能……"① 在李显忠最需要帮助的时候，邵宏渊坐视不援，以至宋军全线溃退。开禧北伐前，南宋在淮南地区将屯田兵变为军卒，以增加军队数量，开禧二年五月壬寅……减荆襄两淮田卒，以备战兵。② 并且派官员在淮西招募兵员，组织军队号为"雄淮军"，政府为强化其战斗力，将其一些不合格兵员予以淘汰，共"汰五六万人"③，此时淮南军力强盛，达到了最高峰，这也为淮南军队北进奠定了基础。开禧时，东路宋军在毕再遇率领下渡过淮河攻占了淮北部分地区，但是很快又退回淮南，有学者认为此次宋军败退的主要原因是淮南宋军实力的衰退④。到南宋末期，元军将领阿术就已看出淮南守军实力的衰弱，此时，南宋对于蒙元的进攻仅能防守，进攻的力量已丧失。没有军事力量作基础，南宋淮南地区的保有是没有保证的。

（二）中央政府对北方政权的军事政策

南宋初年，高宗被金人追击，定都临安后，南宋派韩世忠、刘光世经略淮南，以占据沿江为主，关于此段，前文已述。直接目的是防御金军渡江。"今维扬、合淝两淮之根本，而兵单弱。李纲尝谓大将拥重兵于江南，以为非策臣谓今日当徙江上之屯，以壮淮甸之势……"⑤ 随后，南宋陆续派遣杨沂中、王德、戚方、王权等率领部队加入措置淮南之序列。希望淮南地区能够承担起防御金人南下之责。并且认为经略淮甸、屏藩江浙才是发挥淮南藩篱作用的有效措

---

① （宋）刘时举：《续宋编年资治通鉴》，文渊阁《四库全书》，台湾商务印书馆1983年版，第954页。
② 《宋史》卷三八，中华书局1977年版，第741页。
③ （宋）佚名著，汝企和点校：《续编两朝纲目备要》卷一一，中华书局1995年版，第205页。
④ 白寿彝：《中国通史》第11册，上海人民出版社1999年版，第353页。
⑤ （宋）真德秀：《西山文集》，文渊阁《四库全书》，台湾商务印书馆1983年版，第122页。

施。"且两淮之广,膏腴千里,实六朝控扼之地,所以表护江、浙而不可失者也。"① 孝宗登位,决定对金作战以改变宋金之间不平等关系,隆兴元年,下诏北伐,由于宋军在淮南筹措征兵、囤积物资,淮南地区由防御转为进攻,地位随之一变。朝廷的北伐政策使得淮南地区的地位产生变化。金朝灭亡后,宋蒙开战已不可避免,南宋采取防御之策,"六月壬辰,诏赏蕲州都统制万文胜、知州徐㦕守城之功,将士在行间者,论功补官有差"②。"十一月戊辰,诏陈韡、史嵩之、赵葵于沿江、淮……备舟师战具,防遏冲要堡隘。"③ 朝廷命令沿边各州采取守御之策,南宋进攻虽然不能取胜,但是防守却有备。

（三）淮南地区农业经济的变迁

最初,由于淮南属于宋金的战场,哪一方都不能完全据有,屯田并未成为主流。对于本地的粮食供应,"军分措三路:一军驻于淮东,一军驻于淮西……两浙之粟以饷淮东,江西之粟以饷淮西"④。对此,给事中廖刚言:"今诸将之兵被于江淮不知几万,数日待哺于东南之转饷,东南之民已不胜其困矣,可救此患,莫若屯田,朝廷亦尝行于淮南。"⑤ 南宋人已意识到屯田是一个解决军粮的办法。同时南宋在淮南还诱民复业以营田,"绍兴二十年三月……知庐州吴逵言两淮之间,平原沃土,皆膏腴,宜谷易垦,稍施夫力,岁则有收,望置力田之科,募民就耕淮甸,辟田以广官庄"⑥。伴随着经济的逐步恢复,稻

---

① （宋）徐梦莘：《三朝北盟会编》，上海古籍出版社2008年版，第1321页。
② 《宋史》，中华书局1977年版，第814页。
③ 同上书，第815页。
④ （元）佚名著，李之亮点校：《宋史全文》卷一九中，黑龙江人民出版社2005年版，第1167—1168页。
⑤ 同上书，第1172页。
⑥ （宋）李心传：《建炎以来系年要录》卷一六一，绍兴二十年三月癸酉条，上海古籍出版社1992年版，第3册，第248页。

米生产逐渐增加，绍兴二十一年"田野加辟，年谷屡登"①，以至于"（绍兴二十五年三月）癸未，宰执进呈淮南漕司具到米价最贱处每斗一百二三十文，上曰：昨闻淮南米贱，朕恐伤农，故欲乘时收籴以惠民，今米价如是，则米须急候价减，每石亦不下一千，若户部无钱，朕当自支一百万缗令收籴也"②。农业生产的恢复为驻军的进入提供了可能。到南宋军队大量进驻淮南时，"绍兴三十一年，知通化军莫濛言：江淮之间，年谷屡丰，粒米狼戾"③。开禧北伐前，经过了几十年的休养生息，使淮南地区的农业生产得以恢复。南宋末年的几十年内，由于宋蒙的战争，本区的粮食产区遭受严重的破坏，"清天澹澹月荒荒，两岸淮田尽战场，宫女不眠开眼坐，更听人唱哭襄阳"④。这使本区在军事上的地位大大下降。

终南宋一朝，淮南地区在军事上的地位变化还是有相当长之起伏，由最初的藩篱形成到地位强化，后转为北进基地，之后再转回防御，最终随着南宋的衰败而消亡。而淮南军事力量的消长、中央的军事政策和本地区的农业经济是影响其变迁的原因。宋室南渡，淮南地区在军事上的地位亦经历一个变迁过程，江淮之间，北方之人不能守之，南宋亦不能丢弃之，丢之，大江无屏障可卫，江南亦无险可据。故淮南之得失对江南尤为重要，南宋人对北方政权之南下，并不想任人欺凌，而淮南军事地位之变迁，也属南宋人御敌之决心的完全体现。

---

① （宋）李心传：《建炎以来系年要录》卷一六二，绍兴二十一年六月甲戌条，上海古籍出版社1992年版，第3册，第269页。
② （宋）李心传：《建炎以来系年要录》卷一七四，绍兴二十五年三月癸未条，上海古籍出版社1992年版，第3册，第450页。
③ （元）佚名著，李之亮点校：《宋史全文》，黑龙江人民出版社2005年版，第1568页。
④ （宋）汪元量著，孔凡礼点校：《增订湖山类稿》，中华书局1984年版，第44页。

参考文献

古籍文献

（北魏）郦道元著，陈桥驿点校：《水经注校证》，中华书局 2007 年版。

陈得芝等编：《元代奏议集录（上）》，浙江古籍出版社 1998 年版。

（明）戴瑞卿等纂修：《滁阳志》，万历四十二年刻本。

（明）柳瑛修纂：《中都志》，嘉靖三十年补刻本。

（明）宋濂：《元史》，中华书局 1976 年版。

（明）杨洵、陆君弼等纂修：《万历扬州府志》，《北京图书馆古籍珍本丛刊》本，书目文献出版社 1988 年版。

（明）张宁修，陆君弼纂：《江都县志》，万历二十七年刻本。

（明）钟旺修，林颖纂：《通州志》，嘉靖九年刻本。

（明）朱怀幹修，盛仪纂：《惟扬志》，嘉靖二十一年刻本。

（清）阿克当阿修，姚文田、江藩等纂：《嘉庆重修扬州府志》，嘉庆十五年刻本。

（清）常廷璧修，吴元桂纂：《无为州志》，乾隆八年刻本。

（清）方瑞兰修，许湘甲纂：《泗虹合志》，光绪十四年刻本。

（清）顾祖禹著，贺次君、施和金点校：《读史方舆纪要》，中华书局1955年版。

（清）黄云修，林之望纂：《续修庐州府志》，光绪十一年刻本。

（清）梁园棣修，郑之侨、赵彦俞纂：《咸丰重修兴化县志》，咸丰二年刻本。

（清）王锡元修，高延第纂：《盱眙县志稿》，光绪十七年刻本。

（清）徐松辑：《宋会要辑稿》，中华书局1957年影印本。

（清）杨宜仑修，夏之蓉、沈之本纂：《高邮州志》，道光二十五年刻本。

（清）叶兰等纂修：《道光泗州志》，中国地方志集成本，江苏古籍出版社1998年版。

（清）赵良墅修，田实发纂：《合肥县志》，雍正八年刻本。

（清）朱大绅修、高照纂：《光绪直隶和州志》，中国地方志集成本，江苏古籍出版社1998年版。

（清）左辉春等纂：《续增高邮州志》，道光二十三年刻本。

司义祖整理：《宋大诏令集》，中华书局1962年版。

（宋）包拯著，张田编：《包拯集》，中华书局1963年版。

（宋）陈均著，许沛藻等点校：《皇朝编年纲目备要》，中华书局2006年版。

（宋）范镇撰，汝沛点校：《东斋记事》，中华书局1980年版。

（宋）范仲淹著，李勇先点校：《范仲淹全集》，四川大学出版社2002年版。

（宋）方勺著，许沛藻点校：《泊宅编》，中华书局1983年版。

（宋）黄幹：《勉斋先生黄文肃公文集》，《北京图书馆古籍珍本丛刊》本，书目文献出版社1988年版。

（宋）乐史著，王文楚点校：《太平寰宇记》，中华书局 2007 年版。

（宋）李焘：《续资治通鉴长编》，中华书局 1992 年版。

（宋）李觏著，王国轩点校：《李觏集》，中华书局 1981 年版。

（宋）李心传：《建炎以来系年要录》，上海古籍出版社 1992 年版。

（宋）李心传著，徐规点校：《建炎以来朝野杂记》，中华书局 2000 年版。

（宋）李廌著，孔凡礼点校：《师友谈记》，中华书局 2002 年版。

（宋）刘克庄著，王蓉贵等校点：《后村先生大全集》，四川大学出版社 2008 年版。

（宋）刘时举：《续宋编年资治通鉴》，文渊阁《四库全书》，台湾商务印书馆 1983 年版。

（宋）楼钥：《攻媿集》，四部丛刊初编本。

（宋）吕祖谦：《历代制度详说》，文渊阁《四库全书》，台湾商务印书馆 1983 年版。

（宋）马光祖修，周应合撰：《景定建康志》，《宋元珍稀地方志丛刊本》，四川大学出版社 2007 年版。

（宋）梅尧臣：《宛陵集》，四部丛刊初编本。

（宋）欧阳忞著，李勇先等点校：《舆地广记》，四川大学出版社 2003 年版。

（宋）欧阳修著，李逸安点校：《欧阳修全集》，中华书局 2001 年版。

（宋）秦观著，徐培均笺注：《淮海集笺注》，上海古籍出版社 1996 年版。

（宋）沈括著，胡道静点校：《梦溪笔谈》，中华书局 1962 年版。

（宋）施谔纂修：《淳祐临安志》，宋元方志丛刊本，中华书局 1990 年版。

（宋）苏轼：《集注分类东坡先生诗》，四部丛刊初编本。

（宋）苏轼著，孔凡礼点校：《苏轼文集》，中华书局1986年版。

（宋）苏轼著，郎晔选注，庞石帚校订：《经进东坡文集事略》，中华书局香港分局1979年版。

（宋）苏舜钦：《苏学士集》，四部丛刊初编本。

（宋）苏辙著，曾枣庄等点校：《栾城集》，上海古籍出版社1987年版。

（宋）汪元量著，孔凡礼点校：《增订湖山类稿》，中华书局1984年版。

（宋）王安石著，中华书局上海编辑所点校：《临川先生文集》，中华书局1959年版。

（宋）王称：《东都事略》，文海出版社1980年影印本。

（宋）王存著，王文楚、魏嵩山点校：《元丰九域志》，中华书局1984年版。

（宋）王明清：《挥麈录》，中华书局1961年版。

（宋）王象之著，李勇先等点校：《舆地纪胜》，四川大学出版社2005年版。

（宋）王应麟：《玉海》，江苏古籍出版社1988年版。

（宋）王曾著，张剑光整理：《王文正公笔录》，大象出版社2003年版。

（宋）吴自牧：《梦粱录》，浙江人民出版社1980年版。

（宋）徐梦莘：《三朝北盟会编》，上海古籍出版社1987年版。

（宋）徐铉：《徐骑省集》，文渊阁《四库全书》，台湾商务印书馆1983年版。

（宋）杨仲良著，李之亮点校：《皇宋通鉴长编纪事本末》，黑龙江人民出版社 2006 年版。

（宋）叶适著，刘公纯等点校：《叶适集》，中华书局 1961 年版。

（宋）佚名著，汝企和点校：《续编两朝纲目备要》，中华书局 1995 年版。

（宋）曾巩撰，陈杏珍、晁继周点校：《曾巩集》，中华书局 1984 年版。

（宋）张耒著，李逸安、孙通海点校：《张耒集》，中华书局 1990 年版。

（宋）真德秀：《西山文集》，文渊阁《四库全书》，台湾商务印书馆 1983 年版。

（宋）朱熹：《三朝名臣言行录》，四部丛刊初编本。

（宋）朱熹：《五朝名臣言行录》，四部丛刊初编本。

（宋）祝穆著，施和金点校：《方舆胜览》，中华书局 2003 年版。

（元）马端临：《文献通考》，中华书局 1986 年影印本。

（元）苏天爵著，姚景安点校：《元朝名臣事略》，中华书局 1996 年版。

（元）脱脱：《宋史》，中华书局 1977 年版。

（元）佚名著，李之亮点校：《宋史全文》，黑龙江人民出版社 2006 年版。

今人著作

白寿彝：《中国通史》，上海人民出版社 1999 年版。

程民生：《宋代地域经济》，河南大学出版社 1992 年版。

戴裔煊：《宋代钞盐制度研究》，中华书局 1981 年版。

范金民主编，高荣盛分卷主编：《江南社会经济研究·宋元卷》，中国农业出版社2006年版。

傅筑夫：《中国封建社会经济史》，人民出版社1989年版。

郭正忠：《宋代盐业经济史》，人民出版社1990年版。

韩茂莉：《宋代农业地理》，山西古籍出版社1993年版。

韩昭庆：《黄淮关系及其演变过程研究》，复旦大学出版社1999年版。

胡昭曦等：《宋蒙关系史》，四川大学出版社1992年版。

李伯重：《多视角看江南经济史》，生活·读书·新知三联书店2003年版。

李晓：《宋代茶业经济研究》，中国政法大学出版社2008年版。

梁方仲：《梁方仲文集》，中山大学出版社2004年版。

梁方仲：《中国历代户口、田地、田赋统计》，上海人民出版社1980年版。

陆敏珍：《唐宋时期明州区域社会经济研究》，上海古籍出版社2007年版。

［美］冀朝鼎：《中国历史上的基本经济区和水利事业的发展》，朱诗鳌译，中国社会科学出版社1981年版。

漆侠：《中国经济通史·宋代经济卷》，经济日报出版社1999年版。

［日］斯波义信著，方健、何忠礼译：《宋代江南经济史研究》，江苏人民出版社2001年版。

谭其骧：《中国历史地图集》，北京地图出版社1982年版。

汪圣铎：《两宋财政史》，中华书局1995年版。

王鑫义：《淮河流域经济开发史》，黄山书社2001年版。

吴承洛：《中国度量衡史》，上海书店出版社1984年版。

吴海涛：《淮北的盛衰——成因的历史考察》，社会科学文献出版社2005年版。

吴松弟:《北方移民与南宋社会变迁》,台湾文津出版社1993年版。

吴松弟:《中国人口史》第三卷,复旦大学出版社2000年版。

武同举:《淮系年表全编》,1928年刊本,据两轩存稿铅印。

应岳林、巴兆祥:《江淮地区开发探源》,江西教育出版社1997年版。

郑学檬:《中国古代经济重心南移和唐宋江南经济研究》,岳麓书社2003年版。

邹逸麟:《黄淮海平原历史地理》,安徽教育出版社1993年版。

论文

曹家齐:《运河与两宋国计论略》,《徐州师范大学学报》(哲学社会科学版)2001年第2期。

柴静:《两宋时期两淮地区农业经济初探》,《安徽史学》2000年第1期。

柴静:《宋代两淮地区的水利和漕运》,《华东冶金学院学报》2000年第2期。

陈峰:《北宋的漕运水道及其治理》,《孝感师专学报》1997年第3期。

陈峰:《北宋东南漕运制度的演变及其影响》,《河北学刊》1991年第2期。

陈峰:《略论北宋的漕粮》,《学术界》1997年第1期。

陈峰:《论北宋漕运》,《中国社会经济史研究》2002年第2期。

陈峰:《论漕运对中国古代社会的消极影响》,《陕西师范大学学报》(哲学社会科学版)1992年第4期。

陈峰:《试论唐宋时期漕运的沿革与变迁》,《中国经济史研究》1999年第3期。

陈艳：《宋金和战时期两淮路垦田、水利及人口》，硕士学位论文，上海师范大学，2006年。

程民生：《北宋汴河漕运新探》，《晋阳学刊》1988年第5期。

高荣盛：《两宋时代江淮地区的水上物资转输》，《江苏社会科学》2003年第1期。

胡道修：《宋代人口的分布与变迁》，《宋辽金史论丛》第2辑，中华书局1991年版。

吉敦谕：《宋代东南地区农业经济的历史作用》，《历史教学》1998年第7期。

康复圣：《淮河流域古代农田水利》，《古今农业》2000年第4期。

李晓：《宋朝江淮荆浙发运司的政府购买职能》，《中国社会经济史研究》2004年第2期。

李裕民：《宋代"积贫积弱"说商榷》，《陕西师范大学学报》（哲学社会科学版）2004年第5期。

梁庚尧：《南宋淮浙盐的运销》，《大陆杂志》1988年第1、2、3期。

刘春燕：《对北宋东南茶叶产量的重新推测》，《中国社会经济史》2000年第3期。

刘云：《南宋高宗时期的财政制度变迁》，《中国社会经济史研究》2008年第1期。

全汉昇：《南宋稻米的生产与运销》，《宋史研究集》第四辑，"国立"编译馆中华丛书编审委员会1969年版。

全汉昇：《南宋杭州的消费者与外地商品之输入》，《宋史研究集》第三辑，"国立"编译馆中华丛书编审委员会1966年版。

[日]河上光一：《北宋淮南盐的生产构造与收盐机构》，《史学杂志》第73编，东京大学文学部史学会1963年版。

［日］后藤久胜：《北宋京师与江淮地区间的商业流通》，《东洋史论集》2000 年第 28 号，九州大学文学部东洋史研究会。

［日］青山定雄：《唐宋汴河考》，《日本学者研究中国史论著选译》第九卷，中华书局 1993 年版。

石涛：《北宋政府减灾管理投入分析》，《中国社会经济史研究》2008 年第 1 期。

宋晞：《北宋稻米的产地分布》，《宋史研究集》第一辑，"国立"编译馆中华丛书编审委员会 1958 年版。

王鑫义：《淮河流域经济开发的轨迹及其历史启示》，《安徽大学学报》（社会科学版）1999 年第 5 期。

王兴文：《北宋漕运与商品经济的发展》，《学术交流》2004 年第 7 期。

尹娜、黄纯艳：《论北宋杨允恭盐法改革》，《云南社会科学》2004 年第 2 期。

于海根：《简论宋太宗淮盐政策六次变更》，《上海师范大学学报》1992 年第 1 期。

余蔚：《两宋政治地理格局比较研究》，《中国社会科学》2006 年第 6 期。

张崇旺：《略论宋代淮河流域的印刷业和文具制造业》，《安徽农业大学学报》（社会科学版）2002 年第 4 期。

周建明：《北宋漕运发展原因初探》，《华南理工大学学报》（哲学社会科学版）2001 年第 2 期。

周建明：《北宋漕运法规述略》，《学术论坛》2001 年第 1 期。

朱瑞熙：《范仲淹与泰州捍海堰》，《大陆杂志》1990 年第 1 期。